KB263831

古今語法
고금한어의
어법차이

古今漢語

古今
語法

고금한어의
어법차이

古今漢語

楊合鳴 編著 | 최금옥 편역

한국학술정보㈜

편역자 서문

　대학의 중문학과 재학생이라면 대개 고문(고대한어)과 현대한어(중국어)를 함께 접할 기회가 있을 것이다. 그리고 요즈음은 각 대학에 교양한문과 교양중국어가 함께 개설되어 있는 경우가 태반이므로 일반교양으로 듣는 학생들도 한문과 중국어를 함께 접하는 경우가 있다. 한문은 중국어와 마찬가지로 어법적으로 접근할 수가 있다. 중국어를 발음에서부터 공부하고 기초구문이나 회화를 익히면서 집중적으로 어법을 따로 공부하듯이 한문도 초보적인 공부를 한 상태라면 집중적으로 어법적 정리를 병행해 보는 게 깊이 있는 공부에 도움이 될 수 있다. 즉 중국어를 어법면에서 집중적으로 공부하는 과정이 있듯이 고문의 어법도 어느 단계에서는 따로 체계적으로 정리할 필요가 있는 것이다.

　어떻게 보면 한문은 표의문자이므로 처음부터 어법위주로 공부하는 것보다 자전을 찾아가며 스스로 한 편의 글을 독해하는 것이 더 재미있을 수 있다. 즉 풍부한 메시지를 담은 함축적인 한문 작품을 스스로 독해해내어 저자의 뜻을 파악할 때 수수께끼를 풀어내는 듯한 쾌감이 있을 수 있는 것이다. 그렇게 많은 작품을 읽다보면 고문의 文理를 절로 터득하여 어법지식을 귀납적으로 습득할 수도 있다. 그러나 교양한문 교재의 짧은 작품이나 기타 제한적인 한문작품을 접하는 초학자들은 다년간 한문을 읽은 경험이 없이 곧장 한 편의 글을 독해해야 할 때 자전만으로는 해결되지 않는 어려움이 있고 이때 어법서를 참조하는 것은 큰 도움이 될 수 있다. 비근한 예로 '遂王天下'라는 문장을 놓고 볼 때 '王'은 고대한어의 명사가 동사로 쓰인 경우로서 '왕노릇하다', '천하를 통일하다'의 뜻이므로, 이 문장은 고대한어의 어법에 따라 '마침내 천하를 통일하였다'로 해석해야 한다. 또한 '豕人立而啼'같은 문장 역시 '人立'이 부사어로 쓰여 '啼'의 상태를 나타내주어 '돼지가 사람처럼 서서 울었다'라고 번역해야 하는 것 역시 '人立'이 고대한어에서 부사어로 쓰였음을 알아야 가능한 것이다.

이 책은 바로 이런 한문의 다양한 어법을 그에 해당하는 문장을 예로 들고 또 반복적으로 같은 형식에 속하는 예문들을 나열하여 쉽게 이해할 수 있게 해준다. 기본 구성은 실사, 허사, 품사의 결합, 단문, 복문으로 나뉘어 있어 딱딱한 어법서의 틀을 갖추고 있지만 정말로 문장구성의 최소단위인 단어의 구조에서부터 어법을 따진 게 아니라 처음부터 끝까지 각 품사의 다양한 용법을 해당되는 예문의 반복적 나열을 통해 문장을 통해서 익히게 하고 있다. 학술적 깊이가 있는 어법연구서는 아니지만 실용적인 측면에서 어법을 체계적으로 정리해 놓았으므로 한문문장을 빨리 익히고 싶은 사람이 이 책을 숙독한다면 문장을 통해 다양한 어법 케이스들을 접함으로서 그냥 처음부터 독해에만 매달리는 것보다 요령 있게 한문을 독해하는 실력을 기를 수 있을 것이다.

한문을 교양으로 공부하는 학생들중엔 고문이 과연 현대문(중국어)과 어떤 관련성이 있는가에 의문을 품는 경우가 있다. 많은 학생들이 고전원문을 공부하고 있는데 현대사회를 살면서 왜 그것을 현대문번역으로 읽지 않고 고문원문으로 읽는 것인가 의심스럽게 느껴지기 때문일 것이다. 흔히 한자는 국적없는 문자라고 한다. 한자는 표의문자적 특징으로 하여 어느 나라 어느 시대 사람이건 한자를 많이 알면 문장의 뜻을 독해할 가능성이 높아지는 특수성이 있다. 이런 까닭에 현대문이 중국에서 쓰이고 있다해도 고문은 여전히 생명력을 갖는다. 중국의 초등학생들도 ≪唐詩三百首≫를 암송하고 대학 어문시험에는 각종 고문과 관련된 시험문제가 출현하고 있으며 중국 국가주석이 외국원수와 대담할 때는 ≪周易≫의 구절을 인용할 수도 있다. 즉 현대 중국어와 함께 고문은 과거에서 종결되지 않고 아직까지 생명력을 이어오는 공존하는 언어이다. 이것은 우리나라의 경우에도 해당되니 우리나라 선현들의 많은 한문저작들은 아직도 원문으로 구절을 인용할 수 있는 살아있는 문장들이다. 따라서 고금의 한어를 동시에 어법적으로 다룬 ≪古今語法差異≫라는 제목의 이 책에 관심이 가 번역하게 되었다.

　이 책은 고대한어의 어법은 현대한어 어법의 발전 기초이고 현대한어의 어법은 고대한어의 어법의 발전의 산물이라는 관점에서 고금 어법에 같은 점이 있고 다른 점이 있다는 것을 밝혀 고금의 한어를 이해하는데 오류가 생기지 않도록 하는데 도움을 주고 있다. 우선 하나의 고문의 어법을 서술하고 그에 맞추어 현대 중국어의 어법이 어떠한가를 대조적으로 서술하는 형식으로 되어 있다. 중국어를 고대 한어에서부터 어법사적으로 서술한 책도 있지만 이 책의 형식은 어법사적 서술이 아니라 고대한어를 뭉뚱그려 현대한어와 획을 그어 놓고 고문의 어법이 기본적으로 이러한데 현대 중국어에는 이런 어법이 있다 또는 없다 식으로 그 때 그때 차이점을 대조적으로 설명하고 있는 것이 특징이다. 따라서 고문과 현대 중국어를 아울러 공부하는 사람들에게 두 분야를 통합해서 어법적으로 정리할 수 있게 해 준다. 한 가지 부언할 점은 이 책이 고금 한어의 어법차이를 다루었으면서도 고문의 어법이 기본이고 현대문은 비교의 대상으로 다루다보니 현대문의 예문을 간략히 한 점이 있어 편역자가 번역을 위주로 하였지만 현대문부분은 예문을 더 첨가해 넣는 편역작업을 하였다는 점이다. 그리고 원저자가 현대문에 사용한 어휘들 중에서도 우리나라 실정에 잘 맞지 않는 경우는 약간씩 고치는 작업을 하였다. 편역은 바로 이러한 점들을 고치는 한도에서 이루어진 것이고 나머지는 다 원저자의 책을 그대로 따라 충실히 번역하는 것을 위주로 하였다.

원저자(편저자)는 武漢대학을 졸업한 후 현재 武漢대학 文學院 敎授로 박사과정생을 지도하고 있고 中國詩經學會 상무이사로 있으며 國務院의 특수 보조금을 수혜하고 있는 원로 학자이다. 주요저작으로는 ≪漢語大字典≫의 편집심의 및 ≪訓詁與語法研究≫외에 ≪詩經句法研究≫등 ≪詩經≫관련 연구서가 다수 있고 ≪古代漢語敎程≫(主編) 및 ≪古代漢語字典≫(主編) 등 고대한어 및 文言文 관련 저작이 다수 있다. 그밖에 ≪武漢大學學報≫및 ≪華中師範大學學報≫등 유수한 논문집에 40여편의 논문을 발표한 바 있다.

중국어판 서문

어법은 언어의 결구규칙이다. 그것은 품사와 문법을 포함한다. 사람들이 말하고 쓰는 각 문장은 모두 일정한 결구규칙에 따라 이루어진 것이다. 예를 들면: "不吾知"는 고대한어 "부정문의 대명사가 빈어(＝목적어)가 되어 술어 앞에 온" 문법규칙에 따라 이루어진 것이다. 이 문법규칙에 의하면 곧 "不我思", "不我顧" 같은 문장을 만들어 낼 수 있다. 또한 "不認識他"는 현대문법 "부정문의 대명사가 빈어가 되어 술어 뒤에 놓인" 문법규칙을 따라 이루어진 것이다. 이 문법규칙에 따르면 곧 "不理睬我", "不体諒我"와 같은 문장을 만들어 낼 수 있다. 그러므로 어법은 "기하학과 아주 닮았다."

먼저 어법이 있고 그런 뒤에 어법학이 있다. 어법학은 바로 언어 결구의 규율을 연구하는 하나의 과학이다. 어법학은 언어학 중 중요한 지위를 차지한다. 왜냐하면 어법은 언어를 조리 있게 할 뿐 아니라 언어로 하여금 이해할 수 있는 성질을 갖게 한다. 그러므로 어법학을 공부하는 것은 어떤 언어를 이해하는 데 대단히 중요하다.

고대한어의 어법은 현대한어 어법 발전의 기초이고 현대한어의 어법은 고대한어 어법 발전의 산물이다. 그러므로 고금어법에는 같은 점이 있고 또 다른 점이 있다. "같은 점"은 언어에 "확고함"이 있음을 나타내고 "다른 점"은 언어가 또한 변이성을 갖고 있음을 나타낸다. 고금어법을 학습함에 있어 난점은 "같은 점"에 있는 것이 아니라 "다른 점"에 있다. 만약 고금의 차이를 홀시한다면 지금 것으로 옛것을 해석하여 왕왕 고문의 원래 뜻을 오해할 소지가 있다. 예를 들면 마중석(馬中錫)의 ≪중산랑전(中山狼傳)≫ 중에 이런 말이 있다: "先生之恩, 生死而肉骨也. / 선생의 은혜는 죽은 것을 살리고 뼈에 살을 붙이는 것과 같습니다." 이 말 중의 글귀는 결코 이해하기 어려운 것은 아니나 그 어법 결구는 현대한어와 크게 다르다. 만약 문중의 "生死", "肉骨"을 병렬결구로 이해하면 그건 완전히 틀린 것이 된다. 기실 이것은 두 개의 술빈(述賓)결구로 곧 "죽은 사람을 다시 살리고", "백골에 살이 붙게 하는" 것이다. 본래 "生(동사)"과 "肉(동사)"은 여기에서 모두 사동동사로 쓰였다. 이러한 특수한 어법현상은 현대한어에는 없는 것이다. 이를 통해 볼 때 고금어법의 차이들을 안다는 것은 고금한어를 이해하는 데 있어 아주 도움이 되는 것이다.

고금어법의 차이는 여러 방면에 있는데 귀납해 보면 주로 다음의 네 개 방면으로 표현된다:

하나는 품사류의 어법기능이 완전히 같지 않다. 고대한어의 실사의 활용현상은 현대한어보다 더 보편적이다. 고대한어의 명사, 형용사는 일반동사와 의동(意動)동사로 쓰일 수가 있고, 명사, 동사, 형용사는 사동동사로 쓰일 수가 있다. 그러나 현대한어에서는 이러한 용법이 없다. 예를 들면: ≪설원·귀덕(說苑·貴德)≫에서 "吾不能以春風風人"은 "나는 봄바람을 써서 사람을 불어 날릴 수가 없다."이고 명사 "風"은 동사로 쓰였고 ≪논어·위령공(論語·衛靈公)≫의 "工欲善其事, 必先利其器."는 "장인은 그의 일을 잘하려면 반드시 그의 공구를 예리하게 해야 한다."로서 형용사 "善", "利"는 사동동사로 쓰였고, ≪사기·이사열전(史記·李斯列傳)≫의 “丞相豈少我哉?”는 “승상은 설마 저를 어리다고 보시는 건 아니겠지요?”는 형용사 “少”를 의동동사로 썼다. 고대한어의 “者”자 결구와 현대한어의 “的”자 결구도 같은 점이 적고 다른 점이 더 많다. 예를 들면 “老者”, “大者”는 비록 “늙은 사람”, “큰 것”으로 바꿀 수 있긴 하지만 그러나 “老的”, “大的”의 뒤에는 중심어를 보충해 넣을 수 있음에 비해 “老者”, “大者”는 중심어를 보충할 수 없다. 그러므로 양자가 여전히 차이가 있어 혼동해서는 안 됨을 알 수 있다.

둘째는 품사류가 세분한 품사류 및 그 소속 품사어가 다 같지는 않다는 것이다. 고대한어에는 무지칭대명사 “莫”, “無” 등이 있는데 현대한어에는 없고, 현대한어에는 시태조사 “着”, “了” “過”가 있는데, 고대한어에는 없으며, 고대한어에는 겸양부사 “請”, “謹”, “惠”, “幸”, “垂”, “竊”, “伏” 등이 있는데 현대한어에는 단지 “請”(請坐), “謹”(謹供參考), “惠”(歡迎惠顧) 등 몇 개의 존경을 나타내는 부사가 있을 뿐이다. 고대한어의 제일인칭대명사는 자주 쓰이는 것으로 “我”, “吾”, “予”, “朕” 등이 있지만 현대한어의 제일인칭대명사는 단지 “我”와 “咱”만이 있고, 고대한어의 정도부사는 자주 쓰이는 것으로 “甚”, “絶”, “頗”, “孔”, “少”, “略” 등이 있지만, 현대한어의 정도부사는 자주 쓰이는 것으로 “最”, “很”, “非常”, “格外”, “稍微” 등이 있다. 이상과 같은 이러한 차이들도 마땅히 이해해야 한다.

셋째는 문장의 표달형식이 다 같지는 않다는 것이다. 고대한어의 판단문은 일반적으로 계사 “是”를 쓰지 않고 “者”, “也”를 쓰거나 명사 또는 명사성 품사결합을 쓰거나 동사 “爲” 등으로 표시한다. 예를 들면: ≪사기·손자오기열전(史記·孫子吳起列傳)≫에서 “吳起

者, 衛人也.”는 “오기는 위나라 사람이다.(吳起是衛國人.)”이고, ≪시경·주남·토저(詩經·周南·兎罝)≫의 “赳赳武夫, 公侯干城.”은 “늠름한 무사는 나라 군주의 병풍이라네. (威武雄壯的武士是國君的屛障.)”이고: ≪전국책·조책(戰國策·趙策)≫의 “吾乃今日而知先生爲天下之士也.”는 “나는 지금에서야 비로소 당신이 천하의 제일의 선비라는 걸 알았습니다. (我現在才知道您是天下的一位高士.)”이다. 현대한어판단문은 일반적으로 계사 “是”를 써서 표시하니 예를 들면 “나는 선생이다. (我是教師.)”가 그것이다. 고대한어 피동문은 일반적으로 개사 “被”를 쓰지 않고 “동+于+명”, “爲+명+동”, “見(爲)+동” 등으로 표시한다. 예를 들면: ≪순자·수신(荀子·修身)≫에 “小人役于物”은 “우둔한 소인은 사물의 지배를 받는다. (愚蠢的人被事物所支配.)”이고, ≪사기·굴원가생열전(史記·屈原賈生列傳)≫의 “身客死于秦, 爲天下笑.”는 “(초 회왕이) 타국에서 죽어 천하 사람들에게 조소거리가 되었다. [(楚怀王)自己死在异國, 被天下的人耻笑.]”이고: ≪초사·어부(楚辭·漁父)≫의 “衆人皆醉我獨醒, 是以見放.”은 “모두들 취하였으나 나만 홀로 깨어 있으므로 그 까닭에 쫓겨남을 당하게 되었다. (大家都沉醉而我却獨自淸醒, 所以被放逐.)”이다. 현대한어의 피동문은 일반적으로 개사 “被”를 써서 표시하니 예를 들면 “문이 바람에 의해 열어젖혀졌다. (門被風吹開了.)”가 그것이다.

넷째는 문장의 품사의 순서가 다 같지는 않다는 것이다. 고대한어 부정문은 대명사가 빈어가 되어 동사 앞에 놓이니 예를 들면 ≪시경·주남·여분(詩經·周南·汝墳)≫에서 “不我遐棄”는 “나를 멀리 버리지 않으시네. (不遠弃我.)”이고: 의문문에서 의문대명사가 빈어가 될 때도 동사의 앞에 놓이니 예를 들면 ≪순자·비상(荀子·非相)≫

에서 "聖王有百, 吾孰法焉?"은 "고대 성왕이 많은데 나는 누구를 본받아야 하나? (古代聖王有許多, 我該效法誰呢?)"이고: 어떤 개사는 또한 빈어의 뒤에 놓일 수도 있으니 유종원의 <游黃溪記>에서 "(鳥)方東向立"은 "(새가) 바로 동방을 향해 서 있다. [(鳥)正朝東方站着.]"이다. 현대한어 부정문은 대명사가 빈어일 때 동사 뒤에 놓이는데 예를 들면 "그를 그리워하지 않는다. (不想他)"가 그것이고: 의문문은 의문대명사가 빈어일 때 역시 동사 뒤에 놓이는데 예를 들면 "그는 무얼 합니까? (他做什么?)"가 그것이고: 개사는 빈어의 앞에 놓이니 예를 들면 "그는 집에서 공부한다. (他在家里學習.)"가 그것이다.

당연히 고금어법의 차이는 이것들에 그치지 않고 여기에서는 단지 그중의 몇 종류를 열거하여 소개했을 뿐이다. 고금어법에 많은 차이가 있을지언정 그러나 이것은 본질의 다름이 아니고 옛날과 지금의 다름에 불과할 뿐이다.

본서는 고금한어의 품사류와 문법의 두 방면의 여러 차이에 대해 비교적 상세한 논술을 하였다. 고금어법의 같은 점에 대하여도 간략한 소개를 하였는데 그 목적은 지식의 계통성을 생각해서였고 또한 독자로 하여금 같은 속에서 다름을 보거나 또는 다름 속에서 같음을 볼 수 있게 하기 위해서였다. 책에 인용된 고문의 인용문은 모두 현대한어로 번역하였으며 약간의 의문점이 있는 글귀에는 간단한 주석을 가했으니 이것은 고문의 문장 뜻을 이해하는 데 도움이 될 것이다.

편집 저술하는 과정에서 많은 고금어법전문서들을 참고했는데 편폭의 제한으로 하여 일일이 밝히지 않았다. 이에 대해서는 특별히 관련 저자들에게 충심에서 우러난 사의를 표명한다.

목 차

제4장 단 문 … 239

제5장 복 문 ··· 315

제1장 실사

실사의 의미는 비교적 실제적이어서 문장의 주요 성분이 될 수가 있다. 그것에는 명사, 동사, 형용사, 대명사, 수사, 양사의 여섯 가지가 포함된다.

제1절 명 사

명사는 사람 혹은 사물의 명칭을 표시하는 품사류이다. 고금한어의 명사는 통상 다섯 가지로 분류된다. 고유명사는 특정사물의 명칭을 표시하는 것으로 진나라, 두보, 북경, 후진타오 등이 그것이다. 보통명사는 동류의 사람, 사물이 공용으로 쓰는 총칭으로 밤, 스승, 인구, 책 등이 그것이다. 추상명사는 추상적 개념을 표시하는 명칭으로 인, 의, 의지, 도덕 등이 그것이다. 시간명사는 시간의 명칭을 표시하는 것으로 아침, 저녁, 오늘, 작년 등이 그것이다. 방위명사는 방위의 명칭을 표시하는 것으로 위, 아래, 속, 밖 등이 그것이다. 명사는 어법 기능상 주어, 정어, 빈어, 술어가 될 수 있다. 고대한어에서 유종원(柳宗元)의 ≪포사자설(捕蛇者說)≫에서: "永州之野産異蛇."(영주의 들판에는 특별한 뱀이 난다.)라 했을 때 명사 "永州"는 정어이고 "들판"은 주어이고 "뱀"은 목적어이다. ≪좌전·은공원년(左傳·隱公元

年)≫에: "制, 巖邑也."(제는 험난한 읍이다.)라고 했을 때 명사 "制"는 주어이고, "邑"은 술어이다. 현대한어에서 "王宏的父親參加過紅軍."(왕굉의 부친은 홍군에 참가한 적이 있다.)라고 했을 때 명사 '王宏'은 정어이고 "父親"은 주어이고 "紅軍"은 빈어이다. "昨天星期日."(어제는 일요일이다)에서 명사 "어제"는 주어이고, "일요일"은 술어이다. 고대와 현대한어의 명사는 비록 위와 같은 상동한 점이 있지만 그러나 약간의 차이가 있다. 이것은 주로 다음 여섯 방면으로 나타난다.

1. 고유명사가 보통명사로 쓰인 경우

고유명사가 보통명사로 쓰일 때 그 뜻은 "……과 같은 사람"의 뜻이 된다. 이러한 용법은 고대한어에 현대한어보다 광범위하게 쓰였다.

a) 一薛居州, 獨如宋王何?(≪孟子·滕文公下≫)

한 사람의 설거주같은 현인이 홀로 송나라 왕에게 어찌할 수 있겠는가?(薛居州: 현명한 사람의 이름)

b) 雖有十黃帝, 不能治也.(≪韓非子·五蠹≫)

비록 열 명의 황제와 같은 사람이 있다 해도 역시 국가를 잘 다스리지 못할 것이다.

c) 夫堯舜生而在上位, 雖有十桀紂不能亂者, 則勢治也.
  (≪韓非子·難勢≫)

요와 순 같은 사람이 나와 윗자리에 있으면 비록 열 명의 걸왕과
주왕 같은 사람이 있다 해도 천하를 어지럽히지 못하는 것은 크게
다스려지는 대세를 동요시킬 수 없기 때문이다.

d) 周孔數千, 無所復角其聖.(仲長統≪昌言≫)

주공 공자 같은 사람이 수천 명이 있다면 그들 중 누가 성인인지
알아내지 못할 것이다. / 角: 능력을 재어보다

이상의 네 가지 예 중 ' '표시한 고유명사는 모두 보통명사로 쓰
였는데 "……과 같은 사람"을 나타낸다. 이러한 용법은 현대한어에도
있기는 한데 고대한어만큼 보편적으로 쓰이지 않는다.

2. 명사가 동사로 쓰인 경우

고대한어에서 명사는 특정한 환경 속에 동사로 쓰일 수 있었다.
명사가 동사로 쓰이면 어법구조에 변화가 일어날 뿐 아니라 의미에

있어서도 그에 따른 변화가 생긴다. 그 의미는 때로 한 개의 동사와 같으니 ≪史記·項羽本紀≫에서 "范增數目項王.(범증이 여러 차례 항왕에게 암시했다.)"라 한 것은 문장 중 "目"이 동사로 쓰인 것으로 "암시하다"라는 뜻이다. 또 때로는 그 의미가 술어와 목적어 관계와 같으니 ≪左傳·宣公2년≫에 "晉靈公不君.(진나라 영공이 군주의 도를 행하지 않았다.)"라 한 것에서 문장 중의 명사 "君"이 동사로 쓰였고 뜻은 "군주의 도를 행하다"인 것이 그것이다. 또 그 의미가 부사와 술어관계에 해당될 때도 있으니 ≪韓非子·五蠹≫ 편에서 "人主兼禮之.(나라의 군주가 모두 예로써 그들을 대하였다. / 之는 유가와 협객을 가리킨다.)"라 한 것에서 문장 중의 명사 "禮"가 동사로 쓰였고 뜻은 "예로써 대하다"인 것이 그것이다. 그렇다면 어떠한 언어환경 속에서 명사가 동사로 쓰일 수가 있는가? 귀납해 보면 다음과 같은 일곱 종류가 있다.

1) **"명사＋명사"식**: 한 문장 속에 동사가 없고 두 개의 명사가 긴밀히 이어져 있어 병렬관계도 아니고 편정관계도 아니면 그중의 한 명사가 반드시 동사로 쓰인다.

   a) 遂王天下.(≪韓非子·五蠹≫)

이리하여 천하를 통일하였다. / 명사 '王'은 동사로 쓰였고 "통일하다"의 뜻이다.

b) 陳勝王.(≪史記 · 陳涉世家≫)

진승이 왕을 칭하였다. / 명사 '王'은 동사로 쓰였고 뜻은 "'왕'을 칭하다"이다.

2) **"명사＋之"식**: 한 문장 속에 동사가 없고 명사 뒤에 대명사 之가 긴밀히 이어질 때 이 명사는 동사로 쓰인다.

a) (綦毋張)從左右, (韓厥)皆肘之.(≪左傳 · 成公2년≫)

(기무장이) 왼편과 오른편에 서거나간에 한궐은 매번 팔꿈치로 그를 제지했다. / 명사 "肘"는 동사로 쓰였고 뜻은 "팔꿈치로 제지하다."이다. "之"는 "기무장"을 가리키고 목적어이다.

b) 宦官懼其毀己, 皆共目之.(≪後漢書 · 張衡傳≫)

환관들은 장형이 자신의 죄과를 폭로할까 두려워 모두들 그를 주시했다. / 명사 "目"은 동사로 쓰였고 "주시하다"의 뜻이다. "之"는 지시대명사로 장형을 가리키는 목적어이다.

3) **"부사＋명사"식**: 한 문장 속에 동사가 없고 명사 앞에 부사가 밀접하게 있으면 이 명사는 동사로 쓰인다.

a) 秦師遂東.(≪左傳·僖公32년≫)

진나라의 군대가 마침내 동쪽을 향해 출발했다. / "遂"는 부사로 마침내의 뜻이고 방위명사 "東"은 동사로 쓰였고 "동쪽으로 가다"의 뜻이다.

b) 二月草已芽.(沈括≪夢溪筆談·藥議≫)

이월 달에 풀이 이미 싹텄다. / "已"는 부사이다. 명사 "芽"는 동사로 쓰였고 "발아했다"는 뜻이다.

4) "조동사＋명사"식: 한 문장 중에 한 개의 조동사만 있고 명사 앞에 조동사가 긴밀히 연접해 있을 때 이 명사는 동사로 쓰인다.

a) 假舟檝者, 非能水也, 而絶江河.(≪荀子·勸學≫)

배와 노를 빌리는 사람은 비록 헤엄치기에 능숙하지는 않더라도 강을 건널 수가 있다. / "能"은 조동사이다. 명사 "水"는 동사로 쓰였고 "헤엄치다"의 뜻이다.

b) 左右欲刃相如.(≪史記·廉頗藺相如列傳≫)

(秦王)좌우의 시종들은 인상여를 죽이려 했다. / "欲"은 조동사이고 명사 "刃"은 동사로 쓰였고 "죽이다"의 뜻이다.

5) **"명사＋개사목적어구조"식**: 한 문장 중에 동사가 없고 명사 뒤에 개사목적어구조가 긴밀히 연접되어 있을 때 이 명사는 동사로 쓰인다.

a) **晉師軍于廬柳**(≪左傳·僖公24년≫)

진나라의 군대가 廬柳에 주둔하였다. / 명사 "軍은" 동사로 쓰였고 뜻은 "주둔하다"이다.

b) **鷦鷯巢于深林.**(≪莊子·逍遙游≫)

굴뚝새는 깊숙한 수풀 속에 산다. / 명사 "巢"는 동사로 쓰였고 뜻은 "살다"이다.

6) **"所＋명사"식**: 명사 앞에 특수 조사 "所"가 긴밀히 연접해 있으면 이 명사는 곧 동사로 쓰인다.

a) **令吏人完客所館.**(≪左傳·襄公31년≫)

이졸을 파견하여 손님이 거주하는 집을 수리하도록 하였다. / 명사 "館"은 동사로 쓰였고 뜻은 "거주하는 집"이다.

b) **置人所罾魚腹中.**(≪史記·陳涉世家≫)

('陳勝王'이라는 세 글자가 쓰인 비단을)남이 포획한 물고기의 뱃

속에 집어넣었다. / 명사 "罾"은 동사로 쓰였고 뜻은 "잡다."이다.

7) **"동사(명사)＋而＋명사(동사)"식**: "而"자의 한끝은 명사가 되고 다른 한끝은 동사가 되면 이 명사는 동사로 쓰인다.

a) **神農之世, 男耕而食, 女織而衣.(≪商君書·畵策≫)**

신농씨시대에 남자들은 밭을 갈아 모두들 먹었고 여자들은 베를 짜 모두들 옷을 입었다. / 명사 "衣"는 동사로 쓰였고 "옷을 입다"의 뜻이다.

b) **若闕地及泉, 隧而相見.(≪左傳·隱公元年≫)**

만약 땅을 파서 샘물을 보게 되면 다시 굴을 파서 서로 만나게 되리라. / 명사 "隧"는 동사로 쓰였고 뜻은 "굴을 파다"이다.

3. 명사가 사동동사(使動動詞)로 쓰인 경우

이른바 사동동사란 사역의 의미를 지닌 동사이다. 그것은 목적어가 모종의 동작이나 행동을 하게 하는 작용을 갖고 있다. 고대와 현대한어에는 모두 사동동사가 있다. 예를 들면: 命, 令, 使, 讓 등이 그것이다. 무릇 사동동사로 구성된 문장형식은 모두 겸어문 형식이다. 고대어에 ≪列子·湯問≫에서 "(帝)命夸娥氏二子負二山. (황제가) 과아(夸娥)씨 두 아들에게 두 산을 지고 가라고 명했다." 같은 것이 그것이다. 현대어에서는 "咱们先让大伙提提意见. 우리 우선 모두들에게 의견을 제기하도록 합시다."와 같은 것이 그것이다. 그러나 고대한어에서는 또 다른 한 방식이 있으니, 즉 사동동사를 쓰지 않고 사동동사로 쓰이는 명사 또는 기타의 다른 품사로 대체하여 "주어＋술어＋목적어"의 구조형식을 구성하는 것이다. 이로써 겸어문 형식을 간략화했다. 현대한어에는 이러한 용법이 없다.

명사가 사동동사로 쓰일 때는 주어가 목적어를 이 명사가 표시하는 사람 또는 사물이 되도록 하는 것이다. 그것은 "주어＋사역어＋목적어＋爲＋명사"라는 공식을 구성한다.

a) 公若曰: 爾欲吳王我乎?(≪左傳·定公十年≫)

공약이(武叔의 馬官에게) 말하기를: 그대는 나로 하여금 오나라 왕처럼 되도록 할 생각인가?

오왕: 즉 오나라 왕 僚로서 專諸에게 죽임을 당하였다. 魯나라 사람 공약은 일찍이 무숙을 세우는 것을 반대했는데 무숙이 확고히 왕이 된 후 곧 마관을 파견하여 공약을 죽였다. 고유명사 "吳王"은 사동동사로 쓰였고 "吳王我"의 뜻은 "나로 하여금 오나라 왕이 되도록 한다"의 뜻이다.

b) 縱江東父兄憐而王我, 我何面目見之?(≪史記·項羽本紀≫)

설사 강동의 어른들과 형제들이 나를 동정하여 나를 왕으로 삼는

다 해도 내 무슨 면목이 있어 그들을 보겠는가? / 보통명사 "王"은
사동동사로 쓰였고 "王我"의 뜻은 "나를 왕으로 삼다"이다.

c) 夫子所謂生死而肉骨也.(≪左傳・襄公二十二年≫)

선생이 말한 바 죽은 사람을 되살려내고 백골에 살이 붙게 하는
것이다. / 보통명사 "肉"은 사동동사로 쓰였고 "肉骨"은 "백골에 살이
붙게 하다"의 뜻이다.

d) 齊威王欲將孫臏.(≪史記・孫子吳起列傳≫)

제나라 위왕이 손빈을 장수로 삼으려 하였다. / 보통명사 "將"은
사동동사로 쓰였고 "將孫臏"은 "손빈을 장수로 삼다"의 뜻이다.

e) 太后豈以爲臣有愛, 不相魏其?(≪史記・魏其武安侯列傳≫)

태후는 내가 무슨 아끼는 것이 있어 위기를 승상이 되도록 하지
못한다고 여기는 것입니까? / 보통명사 "相"은 사동동사로 쓰였고
"相魏其"는 "위기를 재상으로 삼다"의 뜻이다.

f) 我疆我理, 南東其畝.(≪詩經・小雅・信南山≫)

밭 경계를 구획하고 도랑을 다스려 저 밭두렁을 남향 또는 동향으로
하네. / 방위명사 "南東"은 사동동사로 쓰였고 "南東其畝"는 "그 밭을
남향 또는 동향으로 하다"의 뜻이다.

4. 명사가 의동동사(意動動詞)로 쓰일 때

이른바 의동동사란 긍정의미를 내포한 동사이다. 그것은 목적어에 대해 무엇으로 여기다 또는 어떠하다고 여긴다는 뜻을 가진다. 고대와 현대한어에 모두 의동동사가 있으니 "以", "以爲", "認爲" 등이 그것이다. 모든 의동동사가 구성하는 문장형식은 주어와 술어구조가 목적어가 되는 형식을 갖는다. 고대한어에 ≪戰國策·齊策≫에서: "皆以(我)美于徐公.(모두들 내가 서공보다 아름답다고 여긴다.)"라 한 것이나 현대한어에서 "나는 그가 말한 것이 옳다고 여긴다.(我以爲他說得對.)" 등이 그것이다. 그러나 고대한어에서는 또 하나의 표현방식이 있었으니, 즉 의동동사를 쓰지 않고 의동동사로 쓰이는 명사 또는 형용사를 가지고 대체하여 "주어＋술어＋빈어" 형식을 구성하고 그로써 주술결구가 의동동사의 목적어가 되는 형식을 간략화 한다. 현대한어에는 이와 같은 용법이 없다.

명사가 의동동사로 쓰이는 것은 바로 주어가 목적어를 이 명사가 표시하는 사람 또는 사물로 보는 것이다. 그것은 "주어＋以＋목적어＋爲＋명사" 또는 "주어＋把＋목적어＋當＋명사" 이 두 종류의 공식으로 구성될 수 있다.

a) 孟嘗君客我.(≪戰國策·齊策≫)

맹상군이 나를 손님으로 삼았다. / 명사 "客"은 의동동사로 쓰였고 "客我"는 "나를 손님으로 삼다"의 뜻이다.

b) 不如吾聞而藥之.(≪左傳·襄公三十年≫)

내가 듣고서 바로 그것을 약으로 삼는 것만 못하다. / "之"는 백성의 여론을 가리킨다. 명사 "藥"은 의동동사로 쓰였고 "藥之"는 "그것을 약으로 삼다."의 뜻이다.

c) 友風而子雨.(≪荀子·賦·雲≫)

(구름이) 바람을 친구로 삼고 비를 자식으로 삼는다. / 명사 "友", "子"는 의동동사로 쓰였고 "友風"의 뜻은 "바람을 친구로 여긴다.", "子雨"의 뜻은 "비를 자식으로 여긴다."의 뜻이다.

d) 襟三江而帶五湖.(王勃〈滕王閣序〉)

삼강을 옷깃으로 여기고 오호를 허리띠로 여긴다. / 삼강은 鄱陽湖로부터 양자강을 나누어 셋으로 보는 것을 가리킨다. 오호는 太湖 동쪽 기슭의 菱湖, 游湖, 莫湖, 貢湖, 胥湖를 가리킨다. 옛날엔 각기 하나의 호수였는데 지금은 이어져 있다. 명사 "襟", "帶"는 의동동사로 쓰였고 "襟三江"의 뜻은 "삼강을 옷깃으로 여긴다"이고 "帶五湖"의 뜻은 "오호를 허리띠로 여긴다"의 뜻이다.

e) 侶魚蝦而友麋鹿.(蘇軾≪前赤壁賦≫)

물고기와 새우를 반려로 삼고 고라니와 사슴을 친구로 삼는다. / 麋: 사슴의 일종. 명사 "侶", "友"는 의동동사로 쓰였고 "侶魚蝦"는 "물고기와 새우를 반려로 삼는다"이고 "友麋鹿"은 "고라니와 사슴을 친구로 삼는다."의 뜻이다.

5. 명사가 위동동사(爲動動詞)로 쓰일 때

이른바 위동동사란 "하다"의 뜻을 내포하고 있는 동사이다. 고대와 현대한어에 모두 위동동사가 있으니 "爲", "作", "做", "當" 등이 그것이다. 고대한어에서 ≪戰國策·趙策≫에서 "吾不忍爲之民.(나는 차마 그 백성이 될 수 없다. 之: "其"에 해당된다, 秦나라를 가리킨다.)라 한 것과 현대한어에서 "我做他的學生.(나는 그의 학생이 되었다.)"가 그것이다. 그러나 고대한어에서는 또 하나의 표현방식이 있으니 위동동사를 사용하지 않고 위동동사로 쓰이는 명사를 가지고 대신하는 것이다. 현대한어에는 이러한 용법이 없다.

명사가 위동동사로 쓰이는 것은 바로 주어가 목적어의 무엇이 되는 것이다. 그것은 "주어＋爲＋목적어＋之＋명사"와 같은 공식을 가진다.

a) 馮諼客孟嘗君.(≪戰國策·齊策≫)

풍훤은 맹상군의 식객이 되었다. / 명사 "客"은 위동동사로 쓰였고 "客孟嘗君"의 뜻은 "맹상군의 식객이 되다"의 뜻이다.

b) 東郭偃臣崔武子.(≪左傳·襄公二十五年≫)

동곽언은 최무자의 신하가 되었다. / 명사 "臣"은 위동동사로 쓰였고 "臣崔武子"는 "최무자의 신하가 되었다"는 뜻이다.

c) 食之飮之, 君之宗之.(≪詩經・大雅・公劉≫)

(公劉)는 여러 신하들을 청하여 밥을 먹고 술을 마시게 하였고 여러 신하의 군주가 되었고 여러 신하의 종주가 되었다. / "之"는 여러 신하들을 가리킨다. 명사 "君"과 "宗"은 위동동사로 쓰였고 "君之"의 뜻은 "여러 신하의 군주가 되다"이고 "宗之"의 뜻은 "여러 신하의 종주가 되다"이다.

고대한어에서 명사가 위동동사로 쓰이는 것은 비교적 적게 보인다.

6. 명사가 부사어로 쓰인 경우

고대한어에서는 시간명사와 방위명사가 부사어가 될 수 있을 뿐 아니라 보통명사도 부사어가 될 수 있다. 현대한어에서는 시간명사가 부사어로 쓰일 수 있으나 보통명사와 방위명사는 부사어로 쓰이는 데 한계가 있다.

1) 보통명사가 부사어로 쓰일 때

고대한어의 보통명사가 부사어로 쓰이는 경우 이하 네 종류의 작용이 있다.

(1) 비유를 표시한다. "……과 같다"로 번역할 수 있다

a) 嫂蛇行匍伏.(≪戰國策 · 秦策≫)

(소진의) 형수는 뱀과 같이 기어갔다. / 포복은 기어서 가는 것이다.
명사 "蛇"는 부사어로 쓰였고 뜻은 "뱀과 같이"의 뜻이다.

b) 豕人立而啼.(≪左傳 · 莊公八年≫)

돼지가 사람처럼 서서 울부짖었다. / 명사 "人"은 부사어로 쓰였고
뜻은 "사람처럼"이다.

c) 天下雲合響應.(賈誼 〈過秦論〉)

천하의 의병들이 구름처럼 모여들었고 울림소리처럼 서로 화답하
였다. / 명사 "雲", "響"은 부사어로 쓰였고 뜻은 "구름과 같이", "소
리와 같이"이다.

d) 一狼徑去, 其一犬坐于前.(≪聊齋志異 · 狼≫)

한 마리 이리가 곧바로 달려가고 또 다른 한 마리가 개처럼 도살
자의 앞에 쭈그려 앉았다. / 명사 "犬"은 부사어로 쓰였고 "개와 같
이"의 뜻이다.

(2) 태도를 표시한다. "마치 ……를 대하듯이"로 번역할 수 있다

a) 彼秦者, ……虜使其民.(≪戰國策·趙策≫)

저 진나라는 포로를 대하는 것처럼 그 백성들을 부린다. / 명사 "虜"
는 부사어로 쓰였고 뜻은 "포로를 대하듯이"이다.

b) 吾得兄事之.(≪史記·項羽本紀≫)

나는 형님을 대하듯이 그를 모실 겁니다. / "吾"는 유방(劉邦)을 가
리킨다. "之"는 항백(項伯)을 가리킨다. 명사 "兄"은 부사어로 쓰였
고 "마치 형님을 대하는 것처럼"의 뜻이다.

c) 齊將田忌善而客待之.(≪史記·孫子吳起列傳≫)

제나라의 장수 전기는 손빈(孫臏)이 아주 재능이 있다고 여겨 마
치 손님을 대우하듯이 그를 접대했다. / "之"는 손빈을 가리킨다. 명
사 "客"은 부사어로 쓰였고 뜻은 "손님을 대우하듯이"이다.

(3) 공구나 방식을 표시한다. "……을 써서"로 번역할 수 있다

a) 箕畚運于渤海之尾.(≪列子·湯問≫)

키와 삼태기를 써서 (흙과 돌을) 발해가에 운반했다. / 箕畚은 풀이
나 대나무로 만든 흙을 담는 그릇이다. 명사 "箕畚"은 부사어로 쓰
였고 공구를 표시하며 뜻은 "키와 삼태기를 써서"이다.

b) 狼速去, 不然, 將杖殺汝.(馬中錫〈中山狼傳〉)

이리는 빨리 떠나거라, 그렇지 않으면 내가 장차 나무 막대기로 너를 때려죽이겠다. / 명사 "杖"은 부사어로 쓰였고 공구를 표시하며 뜻은 "나무 막대기를 써서"이다.

c) 請爲大王六畜葬之.(≪史記・滑稽列傳≫)

청컨대 대왕께서는 여섯 가축을 장례지내는 법을 써서 그것을 장사지내십시오. / 대왕은 초나라 장왕을 가리킨다. "之"는 죽은 말을 가리킨다. 초나라 장왕의 애마가 병으로 죽자 대부의 예를 써서 매장하려고 하였는데 배우 우맹(優孟)이 담소로 풍간하여: "이 예우는 너무 박하니 군주의 예로써 매장해야 합니다. 제후들이 들으면 모두들 대왕이 사람을 천히 여기고 말을 귀히 여김을 알 것입니다." 이 해학적인 말은 종내 초나라 장왕을 설복시켰다. 마지막에 우맹은 위의 이 유머러스한 말을 했다. 명사 "六畜"은 부사어로 쓰였고 방식을 표시하며 뜻은 "여섯 가축을 장례지내는 법을 써서"의 뜻으로, 즉 이 죽은 말을 먹어치우자는 것이다.

(4) 의거하는 것 또는 장소를 표시한다. "……에 따라" 또는 "……에서"로 번역할 수 있다

a) 失期, 法皆斬.(≪史記・陳涉世家≫)

기한을 넘기면 법률에 따라 모두 참수해야 한다. / 명사 "法"은 부사어로 쓰였고 의거하는 것을 나타내며 "법에 따라"의 뜻이다.

b) 相如廷叱之.(≪史記‧廉頗藺相如列傳≫)

나 인상여는 조정에서 그를 질책하였다. / "之"는 진(秦)나라 왕을 가리킨다. 명사 "廷"은 부사어로 쓰였고 장소를 표시하며 "조정에서"의 뜻이다.

c) 童子隅坐而執燭.(≪禮記‧檀弓≫)

아이가 곁에 앉아서 손으로 초를 들고 있다. / 명사 "隅"는 부사어로 쓰였고 장소를 나타내는데 "곁에서"의 뜻이다.

어법 차이 현대한어의 보통명사는 세 가지 정황하에서만 부사어로 쓰일 수 있다.

하나는 일의 성질을 표시할 수 있는 어떤 명사들은 부사어로 쓰일 수 있다.

a) 实现民主主义的重任历史地落在我们这一代人肩上.("민주주의"를 실현하는 중임은 역사적으로 우리 이 세대의 어깨 위에 있다.) 명사 "历史"는 결구조사 "地"를 대동하고 부사어로 쓰였다.

b) 不能教条注意地看问题.(교조주의적으로 문제를 볼 수 없다.) 명사 "教条注意"는 결구조사 "地"를 대동하고 부사어로 쓰였다.

둘째는 앞에 정어가 있는 어떤 명사들은 부사어로 쓰일 수가 있다.

a) 他一个人去, 我不大放心.(그가 혼자서 가는 것은 난 그리 마음이 놓이지 않는다.) 명사 "人" 앞에서 정어 "一个"가 부사어로 쓰였다.

b) 他深情地望着我.(그는 깊은 정으로 나를 바라다보았다.) 명사

“情”은 앞에 정어 “深”이 있고 부사어로 쓰였다.

세 번째는 출신 학력을 나타낼 수 있는 어떤 명사들은 부사어로 쓰일 수 있다.

a) 老张工人出身.(라오장은 근로자 출신이다.) 명사 “工人”은 출신을 나타내고 부사어로 쓰였다.

b) 小王大学毕业.(샤오왕은 대학을 졸업했다.) 명사 “大学”은 학력을 나타내고 부사어로 쓰였다.

2) 방위명사가 부사어로 쓰일 때

방위명사가 부사어로 쓰일 때 동작의 방향이나 동작행위의 발생장소를 표시한다. “……에서”, “……를 향해”, “……에로” 등으로 번역할 수 있다.

고대한어에서 방위명사는 자주 부사어로 쓰였다.

a) 南取漢中, 西擧巴蜀.(賈誼 〈過秦論〉)

남쪽에서는 한중 지역을 얻었고 서쪽에서는 파촉 지방을 얻었다. / 방위명사 “南”, “西”는 부사어로 쓰였고 “남쪽에서”, “서쪽에서”의 뜻이다.

b) 二十九年, 始皇東游.(≪史記·秦始皇本紀≫)

(진시황)29년 진시황이 동쪽으로 순수하였다. / 방위명사 ‘東’은 부

사어로 쓰였고 "동쪽을 향해"의 뜻이다.

c) 河渭不足, 北飮大澤.(≪山海經·海外北經≫)

황하와 위하의 물이 마시기에 부족하여 과보(夸父)는 북쪽으로 가서 대택의 물을 마셨다. / 방위명사 "北"은 부사어로 쓰였고 "북방으로 가서"의 뜻이다.

d) 扶蘇以數諫故, 上使外將兵.(≪史記·陳涉世家≫)

부소는 황제에게 여러 차례 간언한 까닭에 황제가 그를 밖으로 병졸들을 데리고 떠나게 했다. / 부소: 진시황의 큰 아들. 방위명사 "外"는 부사어로 쓰였고 "밖으로"의 뜻이다.

e) 下見小潭, 水尤淸冽.(柳宗元 ≪小石潭記≫)

아래쪽으로 작은 못이 보이는데 물이 유난히 맑았다. / 방위명사 "下"는 부사어로 쓰였고 뜻은 "아래쪽으로"이다.

어법차이 현대한어에서 방위명사는 단순방위명사와 합성방위명사 두 종류가 있다.

단순방위명사는 두 종류의 정황하에서만 부사어로 쓰인다.

하나는 대비시키는 구문에서 부사어로 쓰이는 것이다.

a) 万里长城西起甘肃嘉峪关, 东至山海关.(만리장성은 서쪽에서는 감숙성 가욕관에서 시작되고 동쪽으로 산해관에까지 이른다.)

b) 为我们的事, 您左跑一趟, 右跑一趟, 我们感到很不安.(우리들의

일을 위해 당신은 이쪽으로 저쪽으로 뛰어다니시니 우리는 몹
시 미안함을 느낍니다.)

두 번째는 쌍을 이룬 단순방위명사를 중첩시켜 부사어로 쓰는 것이다.

a) 虎子对田大叔家里里外外都非常熟悉.(후즈는 톈 아저씨 집에 대
해 안팎으로 모두 아주 잘 알고 있다.)

b) 他把刚才发生的事情前前后后又想了一遍.(그는 방금 발생한 일
을 앞뒤로 다시 한 번 생각해 보았다.)

"随军南下", "东进序曲" 등에 이르자면 용법이 고대한어에 대한 모
방에 지나지 않는다.

합성방위명사의 용법은 단순방위명사에 비해 자유롭다. 합성방위
명사의 구성방식은 주로 다음의 두 가지가 있다: 하나는 단순방위명
사 앞에 "以" "之"를 덧보태는 것으로 "以东", "以西", "以上", "以
下", "之上", "之下", "之前", "之后" 등이 그것이다. 두 번째는 단순
방위명사 뒤에 "边" "面" "头"를 덧붙이는 것으로 "东边", "西边",
"上面", "下面", "里头", "外头" 등이 그것이다. 이상의 합성방위명
사들은 자주 부사어로 쓰인다.

a) 里头睡着两个人.(안에 두 사람이 자고 있다.)

b) 以上我们介绍了词汇问题, 以下再谈谈词类问题.(이상으로 우리는
어휘문제를 소개했는데 다음으로는 품사문제를 이야기합시다.)

c) 您请里边坐一会儿.(안으로 가서 잠시 앉으십시오.)

3) 시간명사가 부사어로 쓰일 때

고대한어의 시간명사가 부사어로 쓰이는 경우 다음의 여섯 가지 작용을 한다.

(1) 시점을 나타낸다. 즉 어떤 때. "……에"로 번역할 수가 있다.

a) 朝聞道, 夕死可矣.(≪論語・里仁≫)

아침에 도에 대해 들으면 저녁에 죽어도 여한이 없다. / 시간명사 "朝", "夕"은 부사어로 쓰였고 "아침에" "저녁에"의 뜻이다.

b) 秦兵旦暮渡易水.(≪史記・刺客列傳≫)

진나라의 군대가 아침과 저녁으로 역수를 건넜다. / 시간명사 "旦", "暮"는 부사어로 쓰였고 "아침에" "저녁에"의 뜻이다.

(2) 어떤 때를 표시한다. 즉 이 동안. "……에"로 번역할 수가 있다.

a) 十一月, (沛公)召諸縣豪傑.(≪漢書・高帝紀≫)

십일월에 유방은 각 현의 호걸들을 소집했다. / 시간명사 "十一月"은 부사어로 쓰였고 "십일월에"의 뜻이다.

b) 趙襄子飮酒, 五日五夜不廢酒.(劉向≪新序≫)

조양자가 술을 마시는데 다섯 날 낮과 밤을 그치지 않고 술을 마셨다. / 시간명사 "五日五夜"는 부사어로 쓰였고 뜻은 "다섯 날 낮과 밤"이다.

(3) 빈도를 표시한다. 시간명사 "日", "月", "歲"는 부사어로 쓰여 동작행위의 빈도를 표시한다. "매……마다"로 번역할 수 있다

a) 吾日三省吾身.(≪論語·學而≫)

나는 매일 여러 차례 스스로를 반성한다. / 시간명사 "日"은 부사어로 쓰였고 "매일"의 뜻이다.

b) 族庖月更刀, 折也.(≪莊子·養生主≫)

보통의 백정은 한 달에 한 번 칼을 바꾸는데 칼을 찍기 때문이다. / 시간명사 "月"은 부사어로 쓰였고 뜻은 "매월"이다.

c) 良庖歲更刀, 割也.(≪莊子·養生主≫)

좀 나은 백정은 일 년에 한 번 칼을 바꾸는데 소를 자르기 때문이다. / 시간명사 "歲"는 부사어로 쓰였고 "매년"의 뜻이다.

(4) 변화를 표시한다. 시간명사 "日" "月"은 부사어로 쓰여 동작
     행위가 점차 발전변화하는 것을 나타낸다. "하루하루", "달마
     다"로 번역할 수가 있다

a) 鄕隣之生日蹙.(柳宗元〈捕蛇者說〉)

마을사람들의 생활이 하루하루 곤궁해졌다. / 시간명사 "日"은 부사
어로 쓰였고 "하루하루"의 뜻이다.

b) 日削月割, 以趨于亡.(蘇洵〈六國論〉)

하루하루 깎이고 달마다 할양해 주어 멸망에 이르게 된다. / 시간명
사 "日" "月"은 부사어로 쓰였고 뜻은 "하루하루" "달마다"의 뜻이다.

(5) 과거로 거슬러 올라감을 나타낸다. 시간명사 "日"은 주어 앞에
     놓여 부사어로 쓰이며 "지난날"의 뜻으로 번역할 수가 있다

a) 日吾來此也.(≪國語 · 晋語≫)

지난날 내 이곳에 왔었다. / 시간명사 "日"은 부사어로 쓰였고 "지
난날"의 뜻이다.

b) 日衛不睦.(≪左傳 · 文公7年≫)

지난날 위나라(와 晋나라는)는 화목하지 못했다. / 시간명사가 부사
어로 쓰였고 "지난날"의 뜻이다.

(6) 시한을 나타낸다. 시간명사 "日", "歲"는 부사어로 쓰여 시한
을 나타내고 "……에 맞추어"로 번역할 수가 있다

a) 今吾日計之不足, 歲計之而有餘.(≪莊子·庚桑楚≫)

현재 나는 하루에 따라 그것을 계산하면 쓰기에 모자라지만 한
해에 따라 계산하면 끝없이 쓸 수가 있다. / 시간명사 "日", "歲"는
부사어로 쓰였고 뜻은 "날에 따라" "해에 따라"의 뜻이다.

어법
차이　현대한어의 시간명사는 부사어로 쓰일 때 단지 시점과 시간
의 단락을 표시할 수 있고 기타의 뜻을 표시할 수 없다.
　a) 你星期日有事吗?(너 일요일에 일이 있니?)
　b) 他早晨锻炼身体.(그는 새벽에 운동을 한다.)
　c) 夜间, 我们又谈些闲天.(밤에, 우리는 또 한담을 했다.)
　d) 老王这几天身体不太好.(라오왕은 요 며칠간 건강이 별로 좋지 않다.)

제2절 동 사

동사는 사람 혹은 사물의 동작 행위 또는 변화를 표시하는 품사
이다. 고대와 현대한어의 동사는 대체로 일곱 가지를 포함한다: 형상

이 있는 활동을 표시하는 것으로 "정벌하다", "공격하다", "보위하다", "청소하다"가 그것이고 심리활동을 표시하는 것으로 "근심하다", "두려워하다", "그리워하다", "추억하다"가 그것이고 발전변화를 표시하는 것으로 "태어나다", "죽다", "발생하다", "변화하다"가 그것이고 존재와 소실을 표현하는 것으로 "없다", "남아 있다", "있다", "출현하다"가 그것이고 연계를 표현하는 것으로 "……이 되다", "이다", "……같다", "……마치……같다"가 그것이고 시종을 나타내는 것으로 "시작하다", "그치다", "계속하다", "멈추다"가 그것이고 조동사로 "해야 한다", "할 수 있다", "마땅히 ……해야 한다", "반드시 …… 해야 한다"가 그것이다. 동사의 어법 특징은 통상 문장 속에서 술어가 되며 대부분은 목적어를 대동할 수 있고 부사의 수식을 받을 수 있는데 이는 고대와 현대한어의 같은 점이다. 그러나 고대와 현대한어의 어법 특징에는 여전히 약간의 차이가 있다.

1. 동사가 명사로 쓰인 경우

고대한어에서 어떤 동사들은 동작행위를 표시하지 않고 이 동사의 동작행위와 관련된 사람 또는 일을 표시한다. 현대한어의 동사에는 이런 용법이 없다. 그러면 어떤 어법결구 속에서 동사가 명사로 쓰이는가? 귀납해 보면 다음과 같은 네 종류가 있다.

1) 동사 앞에 대명사 "其"가 정어로 쓰였을 때

a) 男女同姓, 其生不蕃.(≪左傳·僖公23年≫)

남녀가 동성인데 결혼하면 그들이 생육하는 후대는 번성하지 못한다. / 동사 "生"은 앞에 대명사 "其"가 명사로 쓰였고 뜻은 "생육하는 후대"이다.

b) 趙王之子孫侯者, 其繼有在者乎?(≪戰國策·趙策≫)

조왕의 자손으로 작위에 봉해진 사람으로서 그들의 계승자가 아직 존재하는 자가 있는가? / 동사 "繼" 앞에 대명사 "其"는 명사로 쓰였고 뜻은 "계승자"이다.

2) 동사 앞에 조사 "之"로 표지를 삼는 정어

a) 卒相與驩, 爲刎頸之交.(≪史記·廉頗藺相如列傳≫)

(염파와 인상여는) 마침내 서로 좋은 사이가 되어 생사를 함께하는 우정을 맺었다. / 驩은 "歡"과 같다. 동사 "交" 앞에 조사 "之"는 정어를 표지하는 것으로 명사로 쓰였고 뜻은 "사귐의 정"이다.

b) 殫其地之出, 竭其廬之入.(柳宗元〈捕蛇者說〉)

그들 밭의 생산품을 다 가져갔고 그들 가정의 수확물을 다 가져갔

다. / 殫(탄)은 "다하다"이다 동사 "出", "入" 앞에는 조사 "之"가 표
지하는 정어가 명사로 쓰였고 뜻은 "생산품", "수확물"이다.

3) 동사가 중심이자 직접 주어가 될 때

a) 親愛在離居.(曹植〈贈白馬王彪〉)

사랑하는 사람은 지금 떨어져 있다. / 동사 "親愛"는 주어이고 뜻
은 "사랑하는 사람"이다.

b) 政通人和, 百廢具興.(范仲淹〈岳陽樓記〉)

정무에 통달하고 인사에 조화로워 각종 폐기되었던 사업들이 일어
나기 시작했다. / 동사 "廢"는 주어이고 뜻은 "폐기된 사업"이다.

4) 동사가 중심이자 직접 목적어가 될 때

a) 夫易, 彰往而察來.(《易·系辭》)

《易經》은 사람으로 하여금 지난 일을 밝히게 하고 미래의 일을
미루어 알게 한다. / 동사 "往", "來"는 목적어로 쓰였고 뜻은 "지나
간 일", "미래의 일"이다.

b) 夫大國, 難測也, 懼有伏焉.(≪左傳‧莊公十年≫)

큰 나라는 예측하기 어렵다. 그곳에 복병이 있을까 두렵다. / 동사 "伏"은 목적어로 쓰였고 뜻은 "복병"이다.

2. 동사가 사동동사로 쓰인 경우

동사가 사동동사로 쓰이는 것은 주어가 목적어로 하여금 동사가 표시하는 동작이나 행위를 발해내게 하는 것이다. 그것은 "주어＋使＋목적어＋동사" 이러한 공식을 구성한다. 고대한어에 있어서 동사가 사동동사로 쓰이는 것은 불급물(不及物)동사가 많고 급물동사는 적다.

1) 불급물동사가 사동동사로 쓰일 때

a) 莊公寤生, 驚姜氏.(≪左傳‧隱公元年≫)

장공은 거꾸로 태어나 강씨로 하여금 깜짝 놀라게 했다. / 寤: "牾"와 통한다. 거꾸로 의 뜻. 寤生: 태아가 발이 먼저 나오는 것이다. 불급물동사 "驚"은 사동동사로 쓰였고 "驚姜氏"는 "강씨를 놀라게 했다"이다.

b) 項伯殺人, 臣活之.(≪史記・項羽本紀≫)

항백이 사람을 죽인 적이 있는데 내가 그를 살려주었습니다. / 臣: 張良을 가리킨다. 之: 항백을 가리킨다. 불급물동사 "活"은 사동동사로 쓰였고 "活之"는 "그를 살게 하다"이다.

c) 須臾覺我.(≪三國志・魏志・武帝紀≫)

잠시 뒤 나를 깨어나게 했다. / 불급물동사 "覺"은 사동동사로 쓰였고 "覺我"는 "나를 깨어나게 하다"이다.

d) 吾爲卿等走此女.(≪太平廣記≫ 권71)

내가 너희들을 위해 이 여자를 도망치게 하겠다. / 走: 달리다. 불급물동사 "走"는 사동동사로 쓰였고 "走此女"는 "이 여자로 하여금 달아나게 하겠다"의 뜻이다.

e) 先生之恩, 生死而肉骨.(馬中錫〈中山狼傳〉)

선생의 은덕은 죽은 사람을 다시 살아나게 하고 백골에 살이 붙게 할 수 있습니다. 불급물동사 "生"은 사동동사로 쓰였고 "生死"는 "죽은 자를 다시 살아나게 하다"이다.

f) 操軍方連船艦, 首尾相接, 可燒而走(之)也.(≪資治通鑒・漢紀≫)

조조의 군대는 막 전함을 수미를 연결시키고 불로 태우는 방법으로 (그들을) 패주시켰다. / 이 문장의 "走" 뒤에는 목적어 "之"가 생략되었다. "之"는 조조의 군대를 가리킨다. 불급물동사 "走"는 사동동사로 쓰였고 "走(之)"는 "(그것으로 하여금) 달아나게 하다"의 뜻이다.

3. 급물동사가 사동동사로 쓰일 때

a) 止子路宿, 殺鷄爲黍而食之, 見其二子焉.(≪論語 · 微子≫)

자로를 머물러 투숙하게 하고 닭을 잡고 기장밥을 지어 그더러 먹게 하고 자신의 두 아들로 하여금 자로를 뵙게 했다. / 之는 자로를 가리킨다. 其는 장인을 가리킨다. 급물동사 "食" "見"은 사동동사로 쓰였고 "食之"의 뜻은 "그로 하여금 먹게 하다"이고 "見其二子"의 뜻은 "그의 두 아들더러 (자로를)뵙게 하다"이다.

b) 欲辟土地, 朝秦楚, 莅中國, 而撫四夷也.(≪孟子 · 梁惠王≫)

(당신 梁惠王은) 영토를 넓히고 진나라 초나라로 하여금 조회를 오게 하고 중원땅을 차지하여 사방의 소수민족을 다스리려고 합니다. / 莅(리): 점유하다. 中國: 중원지대. 급물동사 "朝"는 사동동사로 쓰였고 "朝秦楚"는 "진나라 초나라로 하여금 조회하게 하다"이다.

c) 飮余馬于咸池.(屈原〈離騷〉)

내 말로 하여금 함지에서 물을 마시게 한다. / 급물동사 "飮"은 사동
동사로 쓰였고 "飮余馬"는 "내 말로 하여금 마시게 하다"의 뜻이다.

d) 晋侯飮趙盾酒.(≪左傳·宣公二年≫)

진영공은 조순더러 술을 마시게 했다. / 급물동사 "飮"은 이중목적
어를 대동하고 있으나 직접목적어 "趙盾"에게 마시게 한다는 의미가
있다. "飮趙盾"의 뜻은 "조순더러 마시게 하다"이다.

급물동사는 일반적으로 목적어를 대동하고 있고 이 때문에 일반동
사와 사동동사는 판별하기가 쉽지 않다. 그러나 문장의 뜻을 연계하
여 사리상 분석해 본다면 그래도 두 가지를 구별해낼 수 있다.

a) 武丁朝諸侯.(≪孟子·公孫丑≫)

무정이 제후들더러 조정에서 배알하게 하였다. / "武丁"은 군주이
므로 이 "朝"자가 사동동사로 쓰였음을 단정할 수 있다.

b) 孟子將朝王.(≪孟子·公孫丑≫)

맹자가 장차 군왕을 배알하려 하였다. / 맹자는 군왕보다 지위가
낮으므로 이 "朝"는 일반동사라고 단정할 수 있다.

현대한어의 동사는 사동동사로 쓸 수가 없다. "飞身(使身飞)
荡涧(흔들리는 골짜기로 몸을 날리다)"과 같은 것은 특별한 예이다.

4. 동사가 위동동사(爲動動詞)로 쓰인 경우

동사가 위동동사로 쓰이는 것은 바로 주어가 목적어를 위해 동사
가 표시하는 동작이나 행위를 발해내는 것이다. 그것은 "주어+爲+
목적어+동사"의 형식을 구성한다. "爲"에는 "替"와 "爲"의 두 의미
를 함유하고 있다. 고대와 현대한어에는 모두 "누구(무엇)를 위하여+
동사"의 구문이 있다. 고대한어에서 ≪左傳·隱公元年≫에 "(姜氏)
爲之請制."{(강 씨가) 그를 위해 제지를 청했다.}라 한 것이 그것이
다. 현대한어에서는 "为社会主义而奋斗(사회주의를 위하여 분투한
다.)" 같은 것이 그것이다. 그러나 고대한어에서는 또 하나의 표현방
식이 있으니 "누구(무엇)를 위하여+동사"의 구문을 쓰지 않고 위동
동사를 써서 대신하는 것이다. 현대한어에는 이러한 용법이 없다.

a) 夫人將啓之.(≪左傳·隱公元年≫)

강씨가 장차 공숙단(共叔段)을 위해 성문을 열려 했다. / "之"는 공
숙단을 가리킨다. 동사 "啓"는 위동동사로 쓰였고 "啓之"는 "그를
위하여 열다"의 뜻이다.

b) 上好富則民死利矣.(≪荀子・大略≫)

군주가 재물을 좋아하면 백성들은 이익을 위하여 죽게 된다. / 동사 "死"는 위동동사로 쓰였고 "死利"는 "이익을 위하여 죽다"의 뜻이다.

c) 伏淸白而死直兮.(屈原〈離騷〉)

맑고 깨끗한 절조를 지키고 정직을 위해 몸을 바친다. / 동사 "死"는 위동동사로 쓰였고 "死直"은 "곧음을 위해 죽다"의 뜻이다.

d) 伯氏苟出圖吾君.(≪國語・晉語≫)

백씨가 만일 나올 수 있다면 나의 군주를 위하여 (국가대사를) 모획할 것이다. / 백씨: 즉 狐突로 申生의 스승이다. "吾"는 신생을 가리킨다. 동사 "圖"는 위동동사로 쓰였고 "圖吾君"은 "우리 군주를 위하여 도모하다"의 뜻이다.

e) (灌夫)非有大惡, 爭杯酒, 不足引他過以誅也.
　　(≪史記・魏其武安侯列傳≫)

(관부)는 결코 큰 죄가 없고 단지 한 잔 술 때문에 다툰 것이니 다른 과실을 끌어다가 그를 죽여서는 안 된다. / 동사 "爭"은 위동동사로 쓰였고 "爭杯酒"는 "한 잔 술을 위해 다투다"의 뜻이다.

f) 余悲之.(柳宗元〈捕蛇者說〉)

나는 그를 위해 슬퍼한다. / 之: 뱀 잡는 사람을 가리킨다. 동사 "悲"

는 위동동사로 쓰였고 "悲之"는 "그를 위하여 슬퍼하다"의 뜻이다.

5. 동사가 향동동사(向動動詞)로 쓰일 때

동사가 향동동사로 쓰이는 것은 바로 주어가 빈어를 향해 동사가 표시하는 동작이나 행위를 발해내는 것이다. 그것은 "주어+向+목적어+동사"의 공식으로 구성된다. 고대와 현대한어에는 모두 "누구(무엇)를 향해 ……하다"의 문장형식이 있다. 고대한어에 ≪左傳·隱公元年≫: "(姜氏)亟請于武公 / (강씨가) 여러 차례 무공에게 요청했다."와 같은 것이 그것이다. 현대한어에서는: 他向老張訴說.(그는 라오장에게 하소연했다.)와 같은 것이 그것이다. 그러나 고대한어에서는 또 하나의 표달방식이 있으니, 즉 "누구(무엇)……을 향해 ……하다"의 문장형식을 쓰지 않아도 되고 향동동사를 가지고 대체하는 것이다. 현대한어에는 이와 같은 용법이 없다.

a) 君三泣臣矣.(≪左傳·襄公21年≫)

군왕은 나를 향해 세 차례 울었습니다. / 동사 "泣"은 향동동사로 쓰였고 "泣臣"은 "신을 향해 울다"의 뜻이다.

b) 封書, 謝孟嘗君.(≪戰國策·齊策≫)

편지를 잘 봉하고 맹상군을 향해 사과했다. "謝"는 사과하다. 동사 "謝"는 향동동사로 쓰였고 "謝孟嘗君"은 "맹상군을 향해 사과하다" 의 뜻이다.

c) 設使漢室盡城邑而侯王之, 縱令其亂人, 戚之而已.(柳宗元 〈封建論〉)

가령 한나라 왕조가 모든 군현을 제후의 왕국으로 변하게 하고 그들이 백성을 침범하게 한다 하더라도 (조정은) 또한 단지 이러한 정황에 대해 근심할 따름입니다. / "之"는 제후왕들이 백성들을 침범 하는 것을 가리킨다. 동사 "戚"은 향동동사로 쓰였고 "戚之"는 "그 것에 대해 근심하다"의 뜻이다.

6. 동사가 부사어로 쓰인 경우

동사가 부사어가 되면 주로 동작행위의 상태와 방식을 나타낸다. 동사가 직접 부사어로 쓰인 경우는 많지 않고 일반적으로 부사어와 술어 사이에 연사 "而", "以"를 덧보탠다.

a) (遺男)跳往助之.(≪列子 · 湯問≫)

(유복자)는 펄쩍펄쩍 뛰며 나아가서 그들을 도왔다. / 동사 "跳"는 부사어로 쓰였다. "往"의 상태를 표시한다.

b) 後宮之中坐食者, 萬有餘人.(≪三國志 · 吳志 · 賀邵傳≫)

후궁 안에는 앉아서 밥만 먹는 사람들이 일 만여 명이 있었다. / 동사 "坐"는 부사어로 쓰였고 "食"의 방식을 표시한다.

c) 爭割地而賂秦.(賈誼〈過秦論〉)

(제후들이) 다투어 땅을 나누어 진나라에 뇌물로 주었다. / 동사 "爭"은 부사어로 쓰였고 "割"의 상태를 표시한다.

d) 子路拱而立.(≪論語 · 微子≫)

자로가 손을 모으고 서 있다. / 동사 "拱"은 부사어로 쓰였고 "立"의 상태를 표시하며 중간에 "而"를 써서 연접시켰다.

e) 坐而假寐.(≪左傳 · 宣公二年≫)

(趙盾은) 앉은 채 눈을 감고 정신을 기른다. / 假寐(가매): 의관을 벗지 않고 잠자는 것. 동사 "坐"는 부사어로 쓰였고 "假寐"의 방식을 나타내며 중간에 "而"를 써서 연접시켰다.

f) 箕踞以罵.(≪戰國策・燕策≫)

두 발을 쭉 펴고 욕하여 말했다. / 동사 "箕踞(기거)"는 부사어로 쓰였고 "罵(매)"의 상태를 나타내며 중간에 "以"를 써서 연접시켰다.

g) 匍匐以進.(馬中錫〈中山狼傳〉)

기어서 앞으로 향해 가다. / 동사 "匍匐(포복)"은 부사어로 쓰였고 "進"의 방식을 나타낸다.

이 밖에도 또 동사성 단어조직이 전체 문장의 부사어로 쓰인 경우가 있다.

a) 豕人立而啼.(≪左傳・莊公八年≫)

돼지가 사람과 같이 서서 울부짖었다. / 부사술어 조직 "人立"은 부사어로 쓰였고 "啼(제)"의 상태를 표시하며 중간에 "而"를 써서 연접시켰다.

b) 黔無驢, 有好事者, 船載以入.(柳宗元〈黔之驢〉)

귀주에는 나귀가 없어 호사가들은 배를 써서 운반해 들였다. / 부사술어 조직 "船載"는 부사어로 쓰였고 "入"의 방식을 표시하며 중간에 "以"로써 연접시켰다.

동사가 부사어로 쓰이면 어순이 연동구문과 같지만 결구의미상으로는 연동문과 같지 않으니 반드시 문장의 뜻을 잘 살펴 구별을 해야 한다. 동사가 부사어로 쓰이면 수식술어로서 주어와 차어의 구분이 있는데 연동식 구문은 선후의 구분만 있으며 주어와 차어의 구분은 없다.

a) 兒懼, 啼告母.(≪聊齋志異·促織≫)

아이는 두려워서 울면서 모친에게 알렸다. / 동사 "啼"는 "告"의 상태이고 부사어로 쓰였다.

b) 入而徐趨.(≪戰國策·趙策≫)

(촉룡은) 들어간 후에 빠른 걸음으로 가는 체했다. / 먼저 "入"한 후에 "趨"한 것으로 선후의 구분만 있고 주어와 차어의 구분은 없다. 그러므로 연동구문이 된다.

어법차이 현대한어의 동사는 부사어로 쓰이면 일반적으로 조사 "着" 또는 "地"를 대동해야 하는데 이것은 고대한어의 동사가 부사어로 쓰이는 것과 아주 다르다.

  a) 我们要批判地継承文化遗产.(우리는 비판적으로 문화유산을 계승해야 한다.)
  b) 他来回地走着.(그는 왔다 갔다 하며 걷고 있다.)
  c) 他们歌唱着各自回家.(그들은 노래 부르며 각자 귀가했다.)
  d) 小王笑着说.(샤오왕은 웃으면서 말했다.)

형용사는 사람 또는 사물의 성상 형태와 자연의 소리를 모방한 단어들이다. 고대와 현대한어의 형용사는 세 가지로 분류할 수 있다. 성질을 표시하는 것으로 "어리석다, 강하다, 참되다, 거짓이다" 등이 있고 형상을 묘사한 것으로 "크다, 두껍다, 높다, 낮다" 등이 있고 소리를 묘사한 것으로 "쾅쾅, 꾸안꾸안, 팔락팔락, 우르릉" 등이 있다. 형용사의 문법기능은 자주 술어, 정어, 부사어 또는 보어가 되는 것인데 이것은 고대와 현대한어의 공통된 특징이다. 그러나 고대한어에서 형용사는 또 다른 특수한 용법들이 있으니 현대한어에 없거나 완전히 같지 않은 것이다.

1. 형용사가 명사로 쓰인 경우

고대한어에서 어떤 형용사들은 사람이나 사물의 상태를 표시하지 않고 이 형용사의 상태와 관련된 사람 또는 사물을 나타낸다. 그러면 어떤 어법구조 속에서 형용사가 명사로 쓰이는가? 귀납해 보면 다음과 같은 다섯 종류가 있다.

1) 형용사 앞에 대명사 '其'가 정어로 쓰일 때

a) 其香始升.(≪詩經・大雅・生民≫)

제물의 향기가 올라가기 시작했다. / 형용사 '香' 앞에는 대명사 '其'가 명사로 쓰였고 뜻은 "향기"이다.

b) 其知可及也, 其愚不可及也.(≪論語・公冶長≫)

그의 지혜는 따를 수 있지만 그의 우둔한 면은 따를 수가 없다. / 형용사 "知" "愚" 앞에는 대명사 "其"가 명사로 쓰였고 뜻은 "지혜의 면", "우둔한 면"이다.

c) 秦貪, 負其强, 以空言求璧.(≪史記・廉頗藺相如列傳≫)

진나라가 탐욕이 많아 그 강대한 세력에 의지하여 거짓된 말로 벽옥을 구해 가졌다. / 형용사 "强" 앞에는 대명사 "其"가 명사로 쓰였고 뜻은 "강대한 세력"이다.

2) 형용사 앞에 조사 "之"가 있어 표지가 되는 정어로 쓰일 때

a) 白馬之白, 無異于白人之白.(≪孟子 · 告子≫)

백마의 흰색은 흰 사람의 흰색과 별다른 점이 없다. / 형용사 "白" 앞에는 조사 "之"로써 표지하는 정어가 명사로 쓰였고 뜻은 "흰색"이다.

b) 老吾(之)老, 以及人之老.(≪孟子 · 梁惠王≫)

나의 어른을 잘 대우하며 그로써 남의 어른을 존경하는 것에로 확충시킨다. / 형용사 "老" 앞에는 조사 "之(혹은 생략)"가 표지하는 정어가 명사로 쓰였고 뜻은 "노인"이다.

c) 南有涇渭之沃.(≪史記 · 刺客列傳≫)

남쪽으로 경위유역의 비옥한 토지가 있다. / 형용사 앞에 조사 "之"로 표지하는 정어가 명사로 쓰였고 뜻은 "沃土"이다.

3) 형용사 앞에 수사가 정어로 쓰일 때

a) ≪黃鳥≫, 哀三良也.(≪詩經 · 秦風 · 黃鳥序≫)

<황조>시는 세 사람의 착한 사람을 애도한 것이다. / 형용사 "良" 앞에는 수사 "三"이 명사로 쓰였고 뜻은 "착한 사람"이다.

b) 四美具, 二難幷.(王勃 ⟨滕王閣序⟩)

네 종류의 좋은 일이 갖추어졌고 두 종류의 힘든 일이 아울러 겸하였다. "四美"는 "소리, 맛, 글, 말"을 가리킨다. "二難"은 "현명한 주인, 훌륭한 손님"을 가리킨다. 형용사 "美", "難" 앞에 수사 "四", "二"가 명사로 쓰였고 뜻은 "훌륭한 일", "어려운 일"이다.

4) 형용사가 중심어를 겸하여 직접 주어로 쓰일 때

a) 老弱轉乎溝壑.(≪孟子 · 梁惠王≫)

연로하고 약한 사람들의 시체가 산 구덩이 들판에 뒹굴고 있습니다. / "轉"은 버린 시체이다. 형용사 "老弱"은 주어로써 명사로 쓰였다. 뜻은 "연로한 사람", "약한 사람"이다.

b) 小學而大遺, 吾未見其明也.(韓愈 ⟨師說⟩)

작은 문제는 스승을 따라 배우고 큰 문제는 버려두고 배우지 않는 것, 나는 이런 자가 이치를 잘 깨닫는 것을 본 적이 없습니다. / 형용사 "小", "大"는 주어로 쓰였고 뜻은 "작은 문제", "큰 문제"이다.

c) 聖益聖, 愚益愚.(韓愈 ⟨師說⟩)

성인은 더욱 밝아지고 우둔한 사람은 더욱 우둔해집니다. / 형용사 "聖", "愚"는 주어로 쓰였고 뜻은 "성인", "우둔한 사람"이다.

5) 형용사가 중심어를 겸하여 직접 빈어가 될 때

a) 吾與汝畢力平險.(≪列子・湯問≫)

　나와 당신들은 힘을 다해 험준한 산을 평평하게 해야 한다. / 형용
사 "險"은 목적어로 쓰였고 뜻은 "험준한 산"이다.

b) 擧賢而授能兮.(屈原〈離騷〉)

　현명하고 능력 있는 사람을 추천하여 써야 한다. / 형용사 "賢", "能"
은 목적어로 쓰였고 뜻은 "현명한 사람", "능력 있는 사람"이다.

c) 將軍身被堅執銳.(≪史記・項羽本紀≫)

　장군의 몸에 견고한 갑옷을 걸치고 손에는 예리한 무기를 들고
있다. / 형용사 "堅", "銳"는 목적어로 쓰였고 뜻은 "견고한 갑옷", "예
리한 무기"이다.

> **어법차이** 　현대 한어의 형용사가 명사로 쓰일 때는 일반적으로 대조적
> 인 결구 속에서만 출현한다. 예를 들면 "欺软怕硬. / 약한 자를 업신
> 여기고 강한 자를 두려워하다.(일반적으로 '欺软' / '약한 자를 업신여
> 긴다'고만 말하지는 않는다.)", "没大没小 / 상하차별이 없다.('没大'. /
> '上이 없다'고만 말하지는 않는다.)", "不分胖瘦 / 뚱뚱하고 마름을 가
> 리지 않고('不分胖'. / '뚱뚱함을 가리지 않는다'고 하지는 않는다.)",
> "有长有短 / 장점이 있고 단점이 있다('有长'. / '장점이 있다'고 말하
> 지는 않는다.)

2. 형용사가 동사로 쓰인 경우

고대한어에서 어떤 형용사들은 다음과 같은 어법결구 속에서 동사
로 쓰인다.

1) 형용사 뒤에 목적어가 있을 때

a) 發鳩之山, 其上多柘木.(≪山海經 · 北山經≫)

발구산, 그것의 위에는 많은 산뽕나무가 있다. / 형용사 "多" 뒤에는 목
적어 "산뽕나무"가 있고 동사로 쓰였으며 뜻은 "아주 많이 있다."이다.

b) 上官大夫短屈原于頃襄王.(≪史記 · 屈原賈生列傳≫)

상관대부가 경양왕 면전에서 굴원을 비방하였다. / 형용사 "短"은 목
적어 "屈原"을 대동하고 있고 동사로 쓰였으며 뜻은 "비방하다"이다.

2) 형용사 앞에 "所"자가 있을 때

a) 毛嬙, 麗姬, 人之所美也.(≪莊子 · 齊物論≫)

모장, 여희는 사람들이 칭찬하는 미녀이다. / 형용사 "美" 앞에는 "所"

가 동사로 쓰였고 뜻은 "찬미하다"이다.

b) 然則所重者在乎色樂珠玉, 而所輕者在乎人民也.(李斯〈諫逐客書〉)

이와 같은, 즉 왕께서 중시하는 것은 미녀, 음악과 보배이고 경시하는 것은 백성입니다. / 형용사 "重", "輕" 앞에는 "所"가 동사로 쓰였고 뜻은 "중시하다", "경시하다"이다.

3) 형용사가 술어로 쓰일 때 번역 시 "了" 또는 "起來"를 덧붙일 수 있다

苟富貴, 無相忘!(≪史記·陳涉世家≫)

만약 부귀해진다면 절대 서로 잊지 말자. / 형용사 "富貴"가 술어로 쓰였고 번역 시 "了"를 붙여 동사로 쓸 수가 있고 뜻은 "부귀해지다"이다.

현대한어의 형용사가 동사로 쓰일 때는 두 종류의 정황이 있다: 하나는 형용사 뒤에 시태조사 "着", "了", "过"를 대동한 것이고 하나는 형용사 뒤에 방향동사 "起来", "下去"를 대동한 것이다.

a) 电灯亮着.(전등이 밝혀져 있다.)
"亮着"은 전등이 일종의 어떤 상태를 지속하고 있음을 말해 준다.

b) 苹果红了.(사과가 붉어졌다.)

“紅了”는 사과가 붉지 않은 상태에서 붉어지게 되었음을 말해 준다.

c) 他胖过一阵子.(그는 한동안 살찐 적이 있었다.)

“胖过”는 과거에 뚱뚱했으나 현재는 마르게 되었음을 말해 준다.

d) 生活好起来了.(생활이 좋아졌다.)

“好起來”는 안 좋거나 별로 좋지 않은 상태에서 좋게 되었음을 말해 준다.

e) 天气还要热下去.(날씨가 계속 더워질 것이다.)

“热下去”는 날씨의 이런 상태가 지속되거나 혹은 더 심해질 것을 말해 준다.

형용사 뒤에 목적어를 대동하는 것에 이르자면, 즉 “红了脸(얼굴을 붉히다)”, “巩固政权(정권을 공고히 하다)” 같은 것은 동사를 겸한 것이고 형용사가 동사로 쓰인 것이 아니다.

3. 형용사가 사동동사로 쓰인 경우

형용사가 사동동사로 쓰이는 것은 바로 주어가 목적어로 하여금
이 형용사가 표시하는 성질상태를 갖게 하는 것이다. 그것은 "주어＋
使＋목적어＋형용사"와 같은 공식을 구성한다.

a) 君子遠庖廚.(≪孟子·梁惠王≫)

군자는 주방을 멀리 한다. / 형용사 "遠"은 사동동사로 쓰였고 "遠
庖廚"는 "주방을 멀리 한다"의 뜻이다.

b) 凡用兵之法, 全國爲上.(≪孫子·謀攻≫)

무릇 용병의 방법은 적국을 온전하게 하는 것이 상책이다. / 형용사
"全"은 사동동사로 쓰였고 "全國"은 "나라를 온전하게 하다"의 뜻이다.

c) 能富貴將軍者, 上也.(≪史記·魏其武安侯列傳≫)

장군을 부귀하게 할 수 있는 자는 황상이다. / 형용사 "富貴"는 사
동동사로 쓰였고 "富貴將軍"의 뜻은 "장군을 부귀하게 하다"이다.

d) 春風又綠江南岸, 明月何時照我還.(王安石〈泊船瓜州〉)

봄바람이 또다시 강남 강안의 초목을 푸르게 하였는데 밝은 달은
언제나 내가 배 타고 돌아가는 것을 비출까? / 형용사 "綠"은 사동동

사로 쓰였고 "綠江南岸"의 뜻은 "강남의 강안을 푸르게 하다"이다.

현대한어의 "丰富", "巩固" 등의 단어는 형용사와 동사의 두 성질을 갖고 있다. 따라서 "丰富生活(생활을 풍부하게 하다)", "巩固国防(국방을 공고히 하다)" 같은 것은 동사가 사동동사로 쓰인 특별한 예라고 말할 수 있으며 형용사가 사동동사로 쓰인 것으로 볼 수 없다. 이런 이중적인 품사는 많지 않다.

4. 형용사가 의동동사로 쓰인 경우

형용사가 의동동사로 쓰이는 것은 주어가 목적어가 되어 이 형용사가 표시하는 성질 상태를 갖는 것이다. 그것은 "주어+以+목적어+형용사"와 같은 공식으로 구성된다. 현대한어에는 이런 용법이 없다.

a) 吾妻之美我者, 私我也.(≪戰國策 · 齊策≫)

내 부인이 나를 잘 생겼다고 하는 것은 나를 편애하기 때문이다. / 형용사 "美"는 의동동사로 쓰였고 "美我"는 "나를 아름답다고 여기다"의 뜻이다.

b) 甘其食, 美其服, 安其居, 樂其俗.(≪老子≫第80章)

(상고시대의 사람들은) 그들의 음식이 맛있다고 여겼고 그들의 복식이 아름답다고 여겼으며 그들의 거처가 살기 좋다고 여겼고 그들의 풍속이 순후하다고 여겼다. / 형용사 "甘", "美", "安", "樂"은 의동동사로 쓰였고 뜻은 "그 음식이 맛있다고 여기다", "그 의복이 아름답다고 여기다", "그 거처가 편안하다고 여기다", "그 풍속이 즐겁다고 여기다"의 뜻이다.

c) 孔子登東山而小魯, 登泰山而小天下.(≪孟子·盡心≫)

공자는 동산에 올라 노나라가 작다고 여겼고 태산에 올라서는 천하가 작다고 여겼다. / 형용사 "小"는 의동동사로 쓰였고 "小魯"는 "노나라가 작다고 여기다", "小天下"는 "천하가 작다고 여기다"의 뜻이다.

d) 時充國年七十, 上老之.(≪漢書·趙充國傳≫)

당시 조충국의 나이가 이미 칠십 세가 되어 한나라 선제(宣帝)는 그가 늙었다고 여겼다. / "之"는 충국을 가리킨다. 형용사 "老"는 의동동사로 쓰였고 "老之"는 "그가 늙었다고 여기다"의 뜻이다.

5. 형용사가 향동동사로 쓰인 경우

형용사가 향동동사로 쓰이는 것은 주어가 목적어를 향해 이 형용사가 가진 성질 상태를 표시하는 것이다. 그것은 "주어＋向＋목적어＋형용사"라는 공식을 구성한다. 현대한어에는 이런 용법이 없다.

a) 諸侯之驕我者, 吾不爲臣.(≪荀子・大略≫)

제후가 나에 대해 교만하면 나는 그의 신하가 되지 않겠다. / 형용사 "驕"는 향동동사로 쓰였고 "驕我"의 뜻은 "나에 대해 교만하다"이다.

b) 武安侯新用事, 欲爲相, 卑下賓客.(≪史記・魏其武安侯列傳≫)

무안후 전분은 막 권력을 장악하여 재상이 되려 하였으므로 빈객들을 멸시하였다. / 형용사 "卑下"는 향동동사로 쓰였고 "卑下賓客"의 뜻은 "빈객을 멸시하다"의 뜻이다.

c) 此人所以簡巫祝也.(≪韓非子・顯學≫)

이것이 바로 사람들이 무축에 대해 태만히 하여 소홀히 하는 원인이다. / "巫祝"은 무당, 무축으로 귀신에게 기도하는 사람이다. 형용사 "簡"은 향동동사로 쓰였고 "簡巫祝"은 "무축에 대해 태만히 하고 소홀히 하다"의 뜻이다.

제4절 대명사

대명사는 사람 또는 사물의 명칭을 대신하는 품사이다. 그것은 인칭대명사, 지시대명사, 그리고 의문대명사 세 종류를 포함한다.

1. 인칭대명사

인칭대명사는 사람 또는 명칭을 대신하는 품사이다. 고대 한어와 현대한어의 인칭대명사는 다음과 같은 네 가지의 차이가 있다: 첫째는 인칭대명사의 숫자가 같지 않다. 둘째는 인칭대명사의 단수와 복수 표시법이 다르다, 셋째는 인칭대명사의 존칭과 겸칭표시법이 다르다, 넷째는 인칭대명사의 활용현상이 다르다. 이제 다음과 같이 각기 나누어 소개해 본다.

1) 자칭(自稱)대명사

자칭대명사는 제일인칭 대명사라고도 한다. 그것은 발화자가 자신을 지칭하는 대명사이다.

고대한어의 자칭대명사로는: 我, 吾, 余, 予, 卬, 台, 朕 등이 있다.

(1) 인칭대명사의 분류

호칭하는 대상의 다름에 따라 인칭대명사는 자칭(自稱)대명사와 대칭(對稱)대명사, 타칭(他稱)대명사, 기칭(己稱)대명사의 네 종류가 있다.

a) 雖我之死, 有子存焉.(≪列子·湯問≫)

설사 내가 죽더라도 자식이 존재하지 않는가. / "我"는 주어로 쓰였다.

b) 吾日三省吾身.(≪論語·學而≫)

나는 매일 여러 차례 내 자신을 반성한다. / 앞의 "吾"는 주어로 쓰였고 뒤의 "吾"는 정어로 쓰였다.

c) 余收爾骨焉.(≪左傳·僖公三十二年≫)

나는 장차 그곳에 너의 뼈를 거둘 것이다. / "余"는 주어로 쓰였다. 焉: "于此(＝鮮)"의 합음이다. 鮮: 南陵, 北陵을 가리킨다.

d) 王如用予.(≪孟子·公孫丑≫)

왕께서 만약 나를 쓰신다면. / "予"는 목적어로 쓰였다.

e) 人涉卬否, 卬須我友.(≪詩經·邶風·匏有苦葉≫)

다른 사람은 강을 건너도 나는 안 건너고 나는 내 남자친구를 기다
릴 거다. / "卬"은 주어로 쓰였고 "我"는 정어로 쓰였다. 須는 기다리다.

f) 非台小子敢行稱亂.(≪尙書·湯誓≫)

저 이 소인이 감히 거병하여 난을 일으킨 것이 아닙니다. / "台"는
주어로 쓰였다. / 小子: 商湯 자신을 가리킨다.

g) 朕考皇曰伯庸.(屈原〈離騷〉)

나의 선친은 백용이라 하셨네. / "朕"은 정어로 쓰였다. "朕"은 원
래 일반적인 자칭으로 존귀하거나 비천함을 가리지 않고 다 썼다.
진시황 이후로 "朕"은 황제의 전유호칭이 되었다.

어법
차이
현대한어의 자칭대명사로는: 我, 咱이 있다.

a) 我愕然了.(나는 놀랐다.) "我"는 주어로 쓰였다.

b) 他不同意咱的意见.(그는 우리 의견에 동의하지 않는다.) "咱"은
정어로 쓰였다.

2) 대칭(對稱)대명사

대칭대명사는 제이인칭대명사라고도 한다. 그것은 발화(發話)자가 청화(聽話)자를 호칭하는 대명사이다.

고대한어의 대칭대명사로는: 爾, 女, 汝, 而, 若, 乃, 戎 등이 있다.

a) 爾爲爾, 我爲我.(≪孟子 · 公孫丑≫)

너는 너이고 나는 나이다. / 앞의 "爾"는 주어로 쓰였고 뒤의 "爾"는 술어로 쓰였다.

b) 三歲貫女, 莫我肯顧.(≪詩經 · 魏風 · 碩鼠≫)

삼년을 너를 봉양하였는데 나를 돌아보려고도 않는구나. / "女"는 목적어로 쓰였다. 貫: 섬기다, 봉양하다. 女: 큰 쥐, 즉 통치자를 가리킨다.

c) 汝心之固, 固不可徹.(≪列子 · 湯問≫)

너의 마음이 정말 완고하여 뚫지 못할 지경이다. / "汝"는 정어로 쓰였다. 汝: 智叟를 가리킨다. 徹: 통하다.

d) 夫差, 而忘越王殺而父乎?(≪左傳 · 定公14年≫)

부차, 그대는 월왕이 당신의 부친을 죽인 것을 잊었는가? / 앞의 "而"는 주어로 쓰였고 뒤의 "而"는 정어로 쓰였다.

e) 若毒之乎?(柳宗元〈捕蛇者說〉)

당신은 이 일을 원망하는가? / "若"은 주어로 쓰였다. 之: 뱀 잡는 일을 가리킨다.

f) 初期會盟津, 乃心在咸陽.(曹操〈蒿里行〉)

당초에 여러 군대는 맹진에서 회합하기로 하였는데 너희들의 마음은 모두 함양에 있다. / "乃"는 정어로 쓰였다

g) 戎雖小子, 而式弘大.(≪詩經·大雅·民勞≫)

너는 비록 젊지만 그러나 크게 작용한다. "戎"은 주어로 쓰였다. "戎(융): 厲王(려왕)을 가리킨다. 式: 쓰임이다.

어법 차이 현대한어의 대칭대명사는 "你" 하나뿐이다.

a) 你去北京一趟(너 북경에 한 번 다녀와라.) "你"는 주어로 쓰였다.

b) 这是你的书吗?(이것은 네 책이냐?) "你"는 정어로 쓰였다.

3) 타칭(他稱)대명사

타칭대명사는 제삼인칭대명사라고도 한다. 그것은 발화자가 제삼자를 호칭하는 대명사이다.

고대한어의 타칭대명사로는: 彼, 其, 之, 厥, 伊, 渠 등이 있다.

a) 彼良醫也.(≪左傳·成公十年≫)

그는 훌륭한 의사이다. / "彼"는 주어로 쓰였다.

b) 其妻獻疑.(≪列子·湯問≫)

그의 부인이 의문을 제기했다. / "其"는 정어로 쓰였다.

c) 愛共叔段, 欲立之.(≪左傳·隱公元年≫)

(강 씨는) 공숙단을 좋아하여 그를 태자로 세우려 하였다. / "之"는 목적어로 쓰였다.

d) 厥猶翼翼.(≪詩經·大雅·文王≫)

그들의 모략은 심원하다. / "厥"은 정어로 쓰였다. 厥(궐): "多士", 즉 많은 선비들을 대신한다. 翼翼(익익): 심원하다.

e) 伊必能克蜀.(≪世說新語·雅量≫)

그는 반드시 蜀 지방을 평정할 수 있을 것이다. / "伊(이)"는 주어로 쓰였다.

f) 女婿昨來, 必是渠所竊.(≪三國志·吳志·趙達傳≫)

딸사위가 어제 왔었으니 (책은)분명 그가 훔쳐 갔다. "渠(거)"는 주어로 쓰였다.

현대한어에서 타칭대명사는: 他, 她, 它가 있다. "他"는 남성을 "她"는 여성을, "它"는 사물을 대칭한다.
   a) 他是教师.(그는 선생이다.) "他"는 주어로 쓰였다.
   b) 叫她回来.(그녀를 돌아오라고 했다.) "她"는 겸어로 쓰였다.
   c) 它的果实饱满.(그것의 열매는 배부르다.) "它"는 정어로 쓰였다.

4) 기칭(己稱)대명사

기칭대명사는 반신(反身)대명사라고도 한다. 그것은 발화자가 자기 혹은 어떤 사람자신을 호칭하는 대명사이다.
고대한어의 기칭대명사로는: 自, 己, 身, 躬 등이 있다.

a) 徐公來, 孰視之, 自以爲不如.(≪戰國策·齊策≫)

서공이 오자 자세히 그를 바라다보고는 스스로 그만 못하다고 여겼다. / "自"는 주어로 쓰였다. 孰: "熟"과 통한다. 자세히.

b) 陳勝自立爲將軍.(≪史記·陳涉世家≫)

진승이 스스로 일어나 장군이 되었다. / "自"는 부사어로 쓰였다.

c) 知彼知己, 百戰不殆.(≪孫子·謀攻≫)

상대방을 알고 자기 자신을 알면 백 번을 싸워도 패하지 않는다. / "己"는 목적어로 쓰였다.

d) 兎不可復得, 而身爲宋國笑.(≪韓非子・五蠹≫)

토끼는 다시 얻을 수 없었고 그 스스로는 송나라의 웃음거리가 되었다. / "身"은 주어로 쓰였다.

e) 臣本布衣, 躬耕于南陽.(諸葛亮〈出師表〉)

저는 본디 한 평민으로 몸소 남양에서 밭을 갈고 있었습니다. / "躬"은 주어로 쓰였다.

> **어법차이**
>
> 현대한어에는 기칭대명사가 단지 "自己" 하나밖에 없다.
> a) 他自己生活十分俭朴.(그 스스로는 생활이 대단히 검소하다.) "自己"는 주어로 쓰였다.
> b) 小王严格要求自己.(샤오왕은 스스로에게 엄격하다.) "自己"는 목적어로 쓰였다.
> c) 自己的事情应该自己做.(자신의 일은 응당 스스로 한다.) 앞의 "自己"는 정어로 쓰였고 뒤의 "自己"는 부사어로 쓰였다.

5) 인칭대명사의 단수와 복수

고대한어 인칭대명사의 단수와 복수에는 다음과 같은 세 종류의 표시법이 있다.

(1) 단수와 복수가 같은 형태

고대한어 인칭대명사의 단수와 복수는 형태상 차이가 없어 단수와 복수를 감별하려면 문장의 뜻에 따라 정해야 한다.

a) 我心匪石, 不可轉也.(≪詩經・邶風・柏舟≫)

내 마음은 돌이 아니니 굴러갈 수가 없다. / "我"는 "버림받은 여인을 나타내고 단수이다.

b) 十年春, 齊師伐我.(≪左傳・莊公十年≫)

십년 된 봄에 제나라의 군대가 우리나라를 쳐들어왔다. / "我"는 "魯나라"를 나타내고 복수이다.

c) 甚矣, 汝之不惠!(≪列子・湯問≫)

너의 총명하지 못함이 지나치도다! / "汝"는 "愚公"을 가리키고 단수이다.

d) 聚室而謀曰: "吾與汝畢力平險."(≪列子・湯問≫)

(우공이) 온 가족사람들을 모아놓고 의논하여 말하기를: "내가 너희들과 모든 힘을 다해 두 산을 허물어 놓겠다. / "汝"는 온 가족을 나타내고 복수이다.

(2) "儕", "曹", "屬", "輩", "等" 등을 덧보태어 복수를 나타낸다

고대한어에서는 인칭대명사 뒤에 "儕" "曹" "屬" "輩" "等"을 덧보태어 복수를 표시한다. 이러한 단어에는 "……한 부류", "……한 무리"의 뜻이 포함되어 있어 현대 중국어의 "们"과 여전히 구별이 있다.

a) 吾儕何知焉?(≪左傳·昭公二十四年≫)

우리들이 무엇을 알겠는가?

b) 上以若曹無益于縣官, 今欲盡殺若曹.(≪漢書·東方朔傳≫)

황제는 너희들이 국가에 좋은 점이 없기에 지금 너희들 전부를 죽이려고 하고 있다. / 縣官: 천자를 가리킨다. 여기서는 국가를 대칭한다.

c) 若屬皆且爲所虜.(≪史記·項羽本紀≫)

너희들은 모두 장차 포로가 될 것이다.

d) 每至佳句, 輒云應是我輩語.(≪晋書·孫綽傳≫)

매번 훌륭한 구절을 읽게 되면 곧 응당 우리들의 언사(言辭)라고 말한다.

e) 公等遇雨, 皆已失期.(≪史記·陳涉世家≫)

너희들은 비를 만나 모두 날짜에 맞추는 것을 어겼다.

(3) "每"를 덧보태 복수를 표시한다

중고시대 이후 "每"를 써서 복수를 표시하는 것이 출현했다. "每"
와 "們"은 음이 가까워 이 때문에 어떤 사람들은 현대한어의 "们"은
"每"에서 발전변화한 것이라고 생각하기도 한다.

  a) 黃巢思量: "咱每今番下了第, 是由于咱的學問短淺."
    (≪五代梁史平話(上)≫)

黃巢가 속으로 짐작하기를: "우리들이 이번에 낙제한 것은 우리의
학문이 얕기 때문이다."

  b) 他每都恃着口强, 便秦, 儀呵, 怎敢比量.(≪元曲·玉臺鏡≫)

그들은 모두 구변이 대단한 것을 믿고 있으니 설사 蘇秦(소진)·
張儀(장의)가 세상에 있다 해도 어찌 그들과 힘을 겨루겠는가?

어법
차이
  현대한어의 인칭대명사의 복수는 두 가지의 표시법밖에 없
다: 하나는 인칭대사 뒤에 "们"을 덧보태는 것이다. 我们, 你们, 他
们, 咱们 등이 그것이다. 또 하나는 단음절 명사들 중의(기관, 조직
의 명칭을 표시하는) 앞에 놓인 "我" "你" "他" 등이 복수를 나타낼
수 있다. "우리나라我国", "너희부문你部", "그들 회사他社" 등이 그
것이다. 그러나 뒷면이 쌍음절 명사이면 반드시 "们"을 덧보태야 한
다. 즉 "우리들 국가我们国家" "너희들 학교你们学校"라고 하지 "내
국가我国家" "네 학교你学校"라고 하지 않는다.

6) 인칭대명사의 존칭과 겸칭

(1) 인칭대명사의 존칭

존칭은 발화자가 청화자에게 존경을 표시하는 칭호로서 그 작용은 대칭대명사에 상당한다.

고대한어에는 존칭을 표시하는 방식이 다양하였다. 개괄하자면 다음과 같은 네 종류가 있다.

하나는 사람을 자(字)로 부르는 것이다. 고대에는 영아가 출생하면 삼 개월 만에 아버지가 명명하였고 남자가 이십 세 성년이 되면 의관을 갖춘 예를 행하고 자를 취하였다. 자로써 부름으로써 존경을 표하는 것이다.

a) 今少卿抱不測之罪.(司馬遷〈報任安書〉)

지금 그대는 허리가 잘리는 죄과를 지고 있다. / 任安은 자가 少卿이다.

b) 如君實責我以在位久, 未能助上大有爲, 則某知罪矣.
(王安石〈答司馬諫議書〉)

만약 그대가 내 재위 기간이 길었고 군주가 뭔가를 이루도록 돕지 못했다고 책한다면 그럼 나도 죄를 인정하리다. / 司馬光은 자가 君實이다.

또 하나는 덕으로써 사람을 호칭하는 것이다. 자주 쓰이는 것으로

子, 吾子, 先生, 大人, 丈人 등이 있다.

a) 有晉國者, 非子而誰?(≪國語 · 晉語≫)

진나라를 점거할 자로 그대가 아니라면 또 누가 있겠는가?

b) 吾子與子路孰賢?(≪孟子 · 公孫丑≫)

당신과 자로를 비교한다면 누가 현능한가?

c) 先生坐!(≪戰國策 · 魏策≫)

그대는 앉으시오!

d) 始大人常以臣爲亡賴.(≪史記 · 高祖本紀≫)

처음에 그대는 자주 내가 싹수가 없다고 하였지요. / 亡賴(망뢰): 싹수가 없다.

e) 丈人不悉恭, 恭作人無長物.(≪世說新語 · 德行≫)

그대는 나를 잘 모르고 있소, 나는 사람됨이 넘침이 없는 사람이요. / 恭: 진나라 사람 왕공이다.

세 번째는 작위나 신분으로 부르는 것이다. 자주 쓰이는 것으로 君, 大王, 公, 將軍 등이 있다.

a) 君有疾在腠理, 不治將恐深.(≪韓非子・喩老≫)

그대는 피부와 근육 사이에 병이 있으니 만약 치료하지 않으면 더 심해질까 합니다. / 君: 蔡桓公(채나라 환공)을 가리킨다. 뒤에는 일반적인 사람도 "君"을 써서 존칭을 표했다.

b) 愿大王熟察之.(鄒陽〈獄中上梁王書〉)

바라건대 그대는 이 일을 자세히 살피소서. / 熟: 자세히.

c) 度我至軍中, 公乃入.(≪史記・項羽本紀≫)

내가 군중에 이를 때 쯤 그대는 들어가시오. / 公: 張良을 가리킨다.

d) 將軍迎操, 欲安所歸乎?(≪資治通鑒・漢紀≫)

그대가 조조를 영접하는 것은 어디에로 가려는 생각인가? / 장군: 孫權을 가리킨다. 安所歸乎: 무슨 결과를 얻게 될 것인가?

네 번째는 직접 상대방을 가리키지 아니하고 그 좌우나 아래를 가리킨다. 자주 쓰이는 것으로 "陛下, 閣下, 足下, 左右" 등이 있다.

a) 天下咸知陛下之仁.(賈誼〈治安策〉)

천하 사람들이 모두 당신의 인덕을 알고 있습니다.

b) **征兵滿萬, 不如召募數千, 閣下以爲何如?**(韓愈〈再與鄂州柳中丞書〉)

정벌군 만 명 이상이 모집된 수천 명을 따를 수 없다면 그대는 어떻게 생각하십니까?

c) **今足下還歸, 揚名于匈奴, 功顯于漢室.**(〈漢書·李陵蘇武傳〉)

지금 그대가 한왕조에 돌아간다면 명성은 흉노에 드날리고 공로는 한나라 조정에 빛나게 됩니다.

d) **是僕終已不得舒憤懣以曉左右.**(司馬遷〈報任安書〉)

이래서 나는 종내 번민하는 심정을 그대에게 알리지 못하는 것입니다. / 左右: 任安을 가리킨다.

이상의 문장 중에서 점을 찍은 단어들은 본래 대명사가 아니고 단지 가리키는 작용을 하는 것으로 존칭을 표시하므로 모두 "您"으로 번역할 수 있다.

어법차이 현대한어에는 존칭을 표시하는 대명사로 "您"이 있다.

a) 老师, 我有事, 向您请个假.(선생님, 일이 좀 있어서 휴가를 청합니다.)

b) 你们好! 您乘坐的是机场三线.(안녕하세요! 당신이 탑승한 차는 공항 3호선입니다.)

(2) 인칭대사의 겸칭

　겸칭은 발화자가 겸손을 표시하는 호칭이고 그 작용은 자칭대명사에 상당한다. 고대한어에 겸칭을 표시하는 방식은 다양하다. 귀납해 보면 다음과 같은 세 종류가 있다.
　하나는 이름으로써 자칭하는 것이다.

a) 丘也聞有國有家者.(≪論語·季氏≫)

저는 나라가 있고 집안이 있다고 들었습니다. / 丘: 공자의 이름. 國: 제후가 통치하는 정치구역을 가리킨다. 家: 경대부가 통치하는 정치구역을 가리킨다.

b) 白本隴西布衣, 流落楚漢.(李白〈與韓荊州書〉)

저는 본디 농서지방의 평민으로서 초땅과 한지방을 떠돌고 있습니다. / 白: 이백을 자칭한다.

　두 번째는 不德으로써 자칭하는 것이다. 자주 쓰이는 것으로 不穀(＝不善), 寡人(＝寡德之人), 孤(＝孤家) 등이 있다. 이 단어들은 왕족의 자칭에만 쓰인다.

a) 不穀之罪也.(≪左傳·宣公12年≫)

이것은 저의 죄입니다.

b) 桓侯曰: "寡人無疾."(≪韓非子·喻老≫)

채(蔡)나라 환공이 말하기를: "나는 병이 없다."라 하였다.

c) 孤不度德量力, 欲信大義于天下.(≪三國志·蜀志·諸葛
亮傳≫)

나는 품덕과 재능을 헤아리지 않고 천하에 정의를 펴고자 한다. / 孤:
유비의 자칭이다. 信: "伸"과 통한다.

셋째는 비천함으로 자칭하는 것이다. 자주 쓰이는 것으로: 臣, 僕,
妾, 小人 등이 있다.

a) 臣本布衣.(諸葛亮 〈前出師表〉)

저는 본디 평민이었습니다.

b) 時之所重, 僕之所輕.(白居易〈與元九書〉)

지금 사람들이 중시하는 시 창작은 바로 내가 경시하는 것입니다.

c) 君當作盤石, 妾當作蒲葦.(〈焦仲卿妻〉)

그대는 응당 반석과 같이 움직이지 말아야 하고 저는 응당 부들과
버들같이 질기게 끊어지지 않아야 합니다. / 妾: 유란지(劉蘭芝)를 자
칭하는 말.

d) 小人有母.(≪左傳·隱公元年≫)

저에게는 모친이 있습니다.

이상 문장 중에 점을 찍은 단어들은 본래 대명사가 아니고 단지 지적하는 작용을 하며 겸손함을 나타내지만 모두 "나"로 번역할 수가 있다.

현대한어에는 때로 "我们"을 가지고 "我"를 대신하며 겸손한 뜻을 나타낼 수가 있다.

a) 我们以为这种观点是正确的.(저는 이런 관점이 정확하다고 생각합니다.)

b) 上周我们讲完了第一课, 现在我们讲第二课.(지난주에 우리는 제1과를 했고 이제 우리는 제2과를 하겠습니다.)

7) 인칭대명사의 활용

고대한어의 인칭대사의 활용현상 중 주요한 것으로 이하 두 종류가 있다.

하나는 자칭대명사를 타칭대명사로 쓰는 것이다. 자칭대명사 "吾", "我"를 타칭대명사로 쓰면 "其"에 상당하고 "그", "그의"로 번역할 수 있다.

a) 莊周終身不仕, 以快吾志.(≪史記 · 老莊申韓列傳≫)

장자는 종신토록 관리노릇을 하지 않고 그의 마음을 즐겁게 했다. / "吾"는 "그의"의 뜻이고 "莊周"를 대칭한다.

b) 然民雖有聖知, 弗敢我謀.(≪商君書 · 畫策≫)

그러니 신하와 백성들이 비록 지혜가 있다 해도 감히 그를 몰래 따질 수 없었다. / "我"는 "他"이고 "君主"를 대칭한다.

둘째는 타칭대명사가 자칭대명사 또는 대칭대명사로 쓰이는 것이다. 타칭대명사 "之", "其"가 자칭대명사 또는 대칭대명사로 쓰이면 "我" 또는 "你"로 번역할 수 있다.

a) 君將哀而生之乎?(柳宗元〈捕蛇者說〉)

그대는 나를 동정하여 나를 살려 주려는가? / "之"는 "我"이고 "蔣氏"를 대칭한다.

b) 臣誠見其必然者也.(≪戰國策 · 楚策≫)

저는 확실히 당신의 필연적인 결과를 보았습니다. / "其"는 "您"이고 "楚襄王(초나라 양왕)"을 대칭한다.

현대한어의 인칭대사의 활용현상은 고대한어와 다른 점이 있는데 그것은 범칭, 강조, 열거 등을 표시하는 데에 많이 쓰인다.

a) 如果你能应用中国特色社会主义的观点, 说明一个两个实际问题, 那就要受到称赞, 就算有了几分成绩.(만약 당신들이 중국적 특색의 사회주의의 관점을 응용하여 한두 개의 실제적 문제를 설명할 수 있다면 그럼 칭찬을 받을 것이고 어느 정도의 성과가 있는 셈이 될 것이다.) "你"는 여러 사람들을 범칭한다.

b) 只要你下定决心, 用上他几年苦工夫, 定会见成效的.(당신이 결심을 내리기만 해서 몇 년간의 노력을 기울이기만 한다면 반드시 효과를 볼 것이다.) "你"는 범칭을 표시하고 "他"는 가리키는 바가 없이 단지 어기를 강조하는 작용을 한다.

c) 你一言, 我一语.(네가 한마디 하고 내가 한마디 한다.) "你", "我"는 열거를 표시하고 많거나 복잡함을 말한다.

2. 지시대명사

지시대명사는 그것으로써 사람이나 사물을 구별하는 대명사인데 때로는 대체하는 작용을 하기도 한다. 지시대명사는 일반적으로 구문 중에 앞 단어(즉 사람이나 일)가 있는 정황하에서 다시 가리키는 것인데, 구문 중에 앞 단어가 없고 사람과 일이 분명하다면 그것으로써 지시할 수 있다. 고대한어의 지시대명사는 근칭(近稱)지시대명사, 원칭(遠稱)지시대명사, 방칭(旁稱)지시대명사, 허칭(虛稱)지시대명사, 축칭(逐稱)지시대명사, 무칭(無稱)지시대명사의 여섯 종류가 있다. 현대한어에는 무칭지시대명사가 없다.

1) 근칭(近稱)지시대명사

근칭지시대명사가 가리키는 대상은 말하는 사람과 비교적 가깝다. 고대한어에 자주 보이는 것으로: 此, 是, 之, 斯, 茲, 時 등이 있다.

a) 是誠何心哉?(≪孟子・梁惠王上≫)

이것은 정말 무슨 마음이란 말인가? / "是"는 윗글의 "작은 양으로써 큰 소를 대신하는 것"을 가리키고 주어로 쓰였다.

b) 余姑翦滅此而後朝食.(≪左傳・成公二年≫)

나는 우선 이 군대를 멸하고 난 뒤 아침을 먹겠다. / "此"는 晉나라 군대를 가리키고 목적어로 쓰였다.

c) 之子于歸.(≪詩經・周南・桃夭≫)

이 여자가 시집가네. / "之"는 정어로 쓰였다.

d) 微斯人，吾誰與歸?(范仲淹〈岳陽樓記〉)

만약 이런 사람이 없다면 내가 또 누구와 도를 함께할 수 있겠는가? / "斯人"은 "옛 어진 사람"이고 "斯"는 정어로 쓰였다.

e) 文王旣沒，文不在玆乎?(≪論語·子罕≫)

문왕이 이미 죽었지만 문화가 여기 있지 않는가? / "玆(자)"는 목적어로 쓰였다.

f) 時維姜嫄.(≪詩·大雅·生民≫)

이것이 바로 강원이다. / "時"는 "厥初生民(者)"를 가리키고 주어로 쓰였다.

현대한어에 자주 쓰이는 것으로는: 这, 这里, 这么, 这样 등이 있다.

a) 这是王校长.(이분이 왕 교장이십니다.) "这"는 주어로 쓰였다.
b) 他在这里.(그는 여기에 있습니다.) "这里"는 목적어로 쓰였다.
c) 这个字应这么写.(이 글자는 응당 이렇게 써야 한다.) "这么"는 부사어로 쓰였다.
d) 这样的民族, 永远不会倒下去.(이러한 민족은 영원히 쓰러지지 않을 겁니다.) "这样"은 정어로 쓰였다.

2) 원칭(遠稱)지시대명사

원칭지시대명사가 가리키는 대상은 발화자로부터 비교적 멀다.
고대한어에 자주 쓰인 것으로는: 彼, 夫, 其, 厥 등이 있다.

a) 彼一時, 此一時也.(≪孟子・公孫丑下≫)

그것도 한때이고 이것도 또 한때이다. / "彼"는 주어로 쓰였다.

b) 微夫人之力不及此.(≪左傳・僖公三十年≫)

만약 저 사람의 힘이 없었더라면 내겐 오늘이 없었을 겁니다. / "夫
人"은 "秦나라 穆公(목공)"을 가리키고 "夫"는 정어로 쓰였다.

c) 其人弗能應也.(≪韓非子・難一≫)

그 사람은 대답하지 못했다. / "其人"은 창과 방패를 파는 사람을
가리키고 "其"는 정어로 쓰였다.

d) 率時農夫, 播厥百穀.(≪詩・周頌・噫嘻≫)

이 농부들을 인솔하여 저 각종 농작물을 파종하네. / "厥"은 정어
로 쓰였다.

현대한어에 자주 쓰이는 것으로는: 那, 那里, 那么, 那样 등이 있다.

- a) 那是外科医生.(저 사람은 외과의사입니다.) "那"는 주어로 쓰였다.
- b) 那里的阳光充足.(그곳의 햇빛은 충분하다.) "那里"는 정어로 쓰였다.
- c) 他说话的语气那么坚定.(그의 말하는 어기는 아주 확고했다.) "那么"는 부사어로 쓰였다.
- d) 你不该对他那样.(너는 그에게 그래서는 안 된다.) "那样"은 술어로 쓰였다.

3) 방칭(旁稱)지시대명사

방칭지시대명사는 다른 사람 또는 사물을 가리킨다.
고대한어에 자주 쓰인 것으로는: 他, 異, 餘 등이 있다.

a) 王顧左右而言他.(≪孟子·梁惠王上≫)

제나라 왕은 좌우를 둘러보면서 다른 이야기를 하였다. / "他"는 목적어가 되었다.

b) 他山之石, 可以攻玉.(≪詩經·小雅·鶴鳴≫)

다른 산의 돌멩이라도 옥을 가는 데 쓸 수가 있다. / "他"는 정어로 쓰였다.

c) **此無異放, 其謀臣皆不盡其忠也.**(≪韓非子 · 初見秦≫)

여기엔 다른 까닭이 없고 진나라의 모신이 충심을 다하지 않은 때문입니다. / "異"는 정어로 쓰였다.

d) **餘人各復延至其家, 皆出酒食.**(陶潛〈桃花源記〉)

나머지 사람들은 각자 (어부를)청하여 그들의 집으로 데려갔고 모두들 술과 음식을 차려(어부를 대접하였다). / "餘"는 정어로 쓰였다.

어법
차이

현대한어에 자주 쓰이는 것으로는: "別的, 旁的" 등이 있다.

a) 只谈这事, 不谈旁的.(이 일만 이야기하고 다른 것은 얘기하지 않는다.) "旁的"는 목적어로 쓰였다.

b) 別的不知道了.(다른 것은 모릅니다.) "別的"는 주어로 쓰였다.

4) 허칭(虛稱)지시대명사

허칭지시대명사가 가리키는 것은 발화자가 말해낼 수 없는 것 또는 말하고 싶지 않은 것 말할 필요가 없는 사람 또는 사물이다.
고대한어에 자주 쓰이는 것으로: 或, 某가 있다.

a) **或歌或咢.**(≪詩經 · 大雅 · 行葦≫)

어떤 이는 노래 부르고 어떤 이는 북을 쳤다. / "或"은 주어로 쓰였다.

b) 人固有一死, 或重于泰山, 或輕于鴻毛.(司馬遷〈報任安書〉)

사람은 본디 모두 죽는 존재이다. 그러나 죽음의 가치가 어떤 경우 태산보다 중하고 어떤 경우 기러기털보다 가볍다. / “或”은 주어로 쓰였다.

c) 言武等在某澤中.(≪漢書・蘇武傳≫)

소무같은 사람들이 어떤 연못 속에 있다고 하였다. / “某”는 정어로 쓰였다.

d) 邑人某, 購一牛, 頗健.(≪聊齋志異・牛飛≫)

현의 어떤 사람이 한 마리 소를 샀는데 자못 건장하였다. / “某”는 주어로 쓰였다.

> **어법차이**
>
> 현대한어에 자주 쓰이는 것으로는: “有的”, “有些”가 있다.
>
> a) 有的唱歌, 有的跳舞.(어떤 이는 노래 부르고 어떤 이는 춤을 춘다.) “有的”는 주어로 쓰였다.
>
> b) 全班同学有些喜欢语文, 有些喜欢数学.(반 전체의 학생 중 어떤 사람들은 어문을 좋아하고 어떤 사람들은 수학을 좋아한다.) “有些”는 주어로 쓰였다.

5) 축칭(逐稱)지시대명사

축칭지시대명사가 가리키는 것은 전체 중의 한 개체이다.
고대한어에: 每, 各이 쓰였다. "하나마다", "각기"로 번역할 수 있다.

a) 每鼓三, 十擊之.(≪墨子·旗幟≫)

한 북마다 세 번 혹은 열 번을 쳤다. "每"는 정어로 쓰였다.

b) 子曰: "盍各言爾志?"(≪論語·公冶長≫)

공자가 말하였다. "어찌 아니 각 사람마다 각자의 뜻을 말하지 않는가?" / "各"은 주어로 쓰였다.

> **어법차이** 현대한어의 축칭대명사 "每", "各"은 자주 양사와 연용된다. 예를 들면: "每个", "每只", "各个", "各只" 등이 그렇다. 이것은 고대한어와 다른 점이다.
> a) 每个同学都有这本书.(모든 학생들이 다 이 책을 가지고 있다.)
> b) 那家的水晶小玩意, 各个都很可爱.(그 집의 수정공예품들은 하나하나 다 귀엽다.)

6) 무칭(無稱)지시대명사

무칭지시대명사가 가리키는 사람 또는 사물은 존재하지 않는다, 아무엇도 없다. 실제로는 어떠한 사람이나 어떠한 사물을 다 가리키는 것이다. 자주 쓰이는 것으로: 莫, 無, 毋, 靡 등이 있다. 무칭지시대 명사는 고대한어에 특유한 것으로 현대한어에는 없다. 고대한어에 무 칭지시대명사를 쓴 곳은 현대한어에서는 일반적으로 "没有谁" "没有 什么"로 표시한다.

a) 諫而不入, 則莫之繼也.(≪左傳·宣公二年≫)

간언하였어도 받아들여지지 않았으니 누구도 너를 계승할 수가 없 다. / "莫"은 주어로 쓰였다. 之는 趙盾을 대신하며 您으로 활용된다.

b) 相人多矣, 無如季相. (≪史記·高祖本紀≫)

(呂公이 말하기를)제가 관상을 본 사람은 많았으나 劉季 당신 같 은 상을 따를 사람은 없었습니다. / "無"는 주어로 쓰였다.

c) 毋大于海.(≪莊子·秋水≫)

바다보다 더 큰 것은 없다. / "毋"는 주어로 쓰였다.

d) 靡計不施.(≪聊齋志異·促織≫)

어떤 계책도 펴지 않은 것이 없었다. / "靡(미)"는 정어로 쓰였다.

3. 의문대명사

의문대명사는 물음에 쓰이는 대명사이다. 그것은 사람을 가리키는 의문대명사와 사물을 가리키는 의문대명사의 두 종류가 있다.

1) 사람을 가리키는 의문대명사

고대한어에 자주 보이는 것으로 誰, 孰, 何 등이 있다.

a) 誰習計會?(≪戰國策·齊策≫)

누가 회계에 대해 잘 아는가? / 誰는 주어로 쓰였다.

b) 王者孰謂? 謂文王也.(≪公羊傳·隱公元年≫)

왕이란 누구를 이르는가? 문왕을 말한 것이다. / 孰은 전치빈어로 쓰였다.

c) 段者何? 鄭伯之弟也.(≪公羊傳·隱公二年≫)

共叔段은 누구인가? 鄭나라 莊公의 아우이다. / 何는 술어로 쓰였다.

현대한어에는 谁밖에 없다. 예를 들면: 谁是我们最可爱的人呢?(누가 우리의 가장 사랑스러운 사람인가?) 什么에 명사 "人"을 덧보태거나 哪에 양사 "个", "位" 등을 덧보태어도 사람을 가리킬 수 있다.

:哪位是你们的汉语老师?(어느 분이 너희 중국어 선생님이시냐?)

2) 사물을 가리키는 의문대명사

고대한어에 자주 쓰인 것으로 孰, 何, 安, 焉, 胡, 奚, 惡, 曷 등이 있다. 이런 단어들은 정어 부사어, 목적어가 될 수 있고 "什么", "怎么", "哪", "哪里" 등으로 번역될 수 있다.

a) 畵孰最難者?(≪韓非子・外儲說左上≫)

그림은 무엇이 가장 어려운가? / 孰은 목적어로 쓰였다.

b) 何時眼前突兀見此屋?(杜甫〈茅屋爲秋風所破歌〉)

언제나 눈앞에 높다랗게 이런 큰 집이 출현할까? / 何는 정어로 쓰였다.

c) 燕雀安知鴻鵠之志哉?(≪史記・陳涉世家≫)

제비나 참새가 어찌 큰 기러기의 뜻을 알겠는가? / 安은 부사어로 쓰였다.

d) 割鷄焉用牛刀?(≪論語・陽貨≫)

닭을 죽이는데 어디 소 잡는 칼이 필요하랴? / 焉은 부사어로 쓰였다.

e) 此秋聲也, 胡爲乎來哉?(歐陽修〈秋聲賦〉)

이것은 가을의 소리인데 그것이 어째서 들려오는가? / 胡는 개사 爲의 전치목적어로 쓰였다.

f) 衛君待子而爲政, 子將奚先?(≪論語・子路≫)

위나라 군주가 선생님이 집정하시기를 기다리는데 선생께선 장차 무엇을 먼저 하시렵니까? / 奚는 전치목적어로 쓰였다.

g) 學惡乎始? 惡乎終?(≪荀子・勸學≫)

배움은 무엇에서 시작하는가? 어디에서 끝나는가? / 惡는 개사 乎의 전치목적어이다.

h) 曷月我還歸哉?(≪詩經・王風・揚之水≫)

어느 달에나 내가 집으로 돌아갈 수 있을까? / 曷은 정어로 쓰였다.

현대한어에 자주 쓰이는 것으로는 "什么", "哪里", "怎样", "怎么" 등이 있다.

a) 这是什么?(이것은 무엇인가?) 什么는 합성술어이다.

b) 你从哪里来?(너는 어디에서 왔나?) 哪里는 개사 从의 목적어이다.

c) 这本书怎样?(이 책은 어떠냐?) 怎样은 술어로 쓰였다.
d) 你怎么不睡?(넌 왜 안 자냐?) 怎么는 부사어로 쓰였다.

제5절 수 사

수사는 수를 나타내는 품사로 기수, 서수, 분수, 배수, 약수, 의문
수, 허수 등 몇 종류가 있다.

1. 기 수

기수는 기본적인 수를 표시한다. 예를 들면 1, 2, 10, 100, 1,000,
10,000 등이 있다. 고금한어의 기수의 어법과 기능 및 용법에는 같
은 점이 있고 또 다른 점이 있다.

고대한어의 기수의 특수한 용법에는 다음과 같은 몇 종류가 있다.

1) 기수 뒤에 양사를 쓰지 않고 직접 정어, 부사어, 주어, 술어 또는 목적어가 된다

a) 太形, 王屋二山, 方七百里.(≪列子·湯問≫)

태형, 왕옥 두 산은 사방이 칠 백 리가 된다. / "二"는 정어로 쓰였다.

b) 齊人三鼓.(≪左傳·莊公十年≫)

제나라 군대는 세 차례 북을 쳤다. / "三"은 부사어로 쓰였다.

c) 世俗所謂不孝者五.(≪孟子·離婁≫)

일반인이 말하는 불효에는 다섯 종류가 있다. / "五"는 술어로 쓰였다.

d) 今其室十無一焉.(柳宗元〈捕蛇者說〉)

지금 열 집 중에 한 집도 안 남았다. / 앞에 선행사 "室"이 있고 "十"은 주어로 "一"은 목적어로 쓰였다.

2) 정수와 우수리 사이에 자주 "有(又)"자를 덧보탠다

a) 吾十有五而志于學.(≪論語·爲政≫)

나는 열다섯 살에 곧 학문에 뜻을 두었다. / "十有五"는 바로 "十五"이다.

b) 中宗之享國, 七十有五年.(≪尙書·無逸≫)

殷나라 중종의 재위 기간은 모두 칠십오 년이었다. / "七十有五"는
"七十五"이다.

3) 정수와 우수리 사이에 "零"자를 쓰지 않는다.

a) 桂陽郡十一城, 戶, 十三萬五千二十九.(≪後漢書·郡國志≫)

계양군은 모두 열한 개의 성을 관할하는데 모두 십삼만 오천이십
구 가구가 있다.

b) 冬至後一百五日爲寒食.(宗懍≪荊楚歲時記≫)

동지 이후 백오 번째 날이 한식이다.

4) 동사로 쓰인다.

a) 士也罔極, 二三其德.(≪詩經·衛風·氓≫)

남편에게 정해진 기준이 없어 그의 덕행은 이랬다저랬다 한다. / "二
三"은 전치술어로 쓰였다.

b) 古者天下散亂, 莫之能一也.(≪史記·秦始皇本紀≫)

고대에는 천하가 어지러워서 그것을 통일할 자가 없었다. / "一"은 곧 "統一"로 술어로 쓰였다.

현대한어의 기수의 용법은 고대한어와 다음과 같은 몇 가지 점에서 다르다.

1) 기수 뒤에 일반적으로 양사를 덧보태어야 정어나 부사어가 될 수 있고 수학식의 문장에서나 주어, 목적어가 될 수 있다.

    a) 老张买了二十五匹马.(라오쟝은 이십오 필의 말을 샀다.) "二十五匹"는 정어로 쓰였다.

    b) 他一次买了两张票.(그는 한 번에 두 장의 표를 샀다.) "一次"는 부사어, "两张"은 정어로 쓰였다.

    c) 七等于五加二.(7은 5 더하기 2와 같다.) "七"은 주어로 쓰였다.

    d) 五加二等于七.(5 더하기 2는 칠과 같다.) "七"은 목적어로 쓰였다.

2) 정수와 우수리 사이에 "有"자를 넣지 않는다. 예를 들면 "十五", "二十六"이 그렇다.

3) 정수와 우수리 사이에 "零"자를 넣는다. 예를 들면 "二千零九(2009)", "四百零九万(4090000)"이 그렇다.

2. 서 수

서수는 순서를 표시하는 수이다.
고대한어의 서수에는 대체로 다섯 종류의 표시법이 있다.

1) 기수로 표시한다

a) 一鼓作氣, 再而衰, 三而竭.(≪左傳 · 莊公十年≫)

첫 번째 북을 치니 사병들의 용기가 진작되었으나 두 번째 북을
치니 용기가 떨어졌고 세 번째 북을 치니 용기가 다 사라졌다. / 再:
두 번째

b) 七月流火, 八月萑葦.(≪詩經 · 豳風 · 七月≫)

일곱 번째 달에는 화성이 서쪽으로 옮겨가고 여덟 번째 달에는 갈
대를 수확한다.

c) 十年春, 齊師伐我.(≪左傳 · 莊公十年≫)

장공 제십 년의 봄에 제나라의 군대가 우리를 공격해왔다.

2) 기수 앞에 "第"자를 덧보태어 표시한다

a) 云有第三郎, 窈窕世無雙.(〈焦仲卿妻〉)

현 관리의 세 번째 공자가 재주와 외모가 훌륭하여 세상에 둘도 없다 한다.

b) 此印者才畢, 則第二板已具.(沈括≪夢溪筆談·活板≫)

이번에 인쇄한 것이 막 끝났는데 제이판이 이미 준비되었다.

3) "太上(上,長)"으로 첫 번째를 표시하고 "中(次者, 其次, 次之, 下)로 두 번째 세 번째를 표시한다

a) 太上有立德, 其次有立功, 其次有立言.(≪左傳·襄公二十四年≫)

첫 번째가 덕을 세우는 것이요, 두 번째가 공을 세우는 것이고 세 번째가 말을 세우는 것이다.

b) 故上兵伐謀, 其次伐交, 其次伐兵, 其下攻城.(≪孫子·謀攻≫)

그러므로 제일가는 용병술은 적군의 계략을 깨트리는 것이요, 그다음은 적군과 다른 나라가 연합하는 것을 저지하는 것이요, 그다음은 적군의 무장 역량을 격파하는 것이요 가장 다음이 적군의 도성을 공격하는 것이다.

4) "伯(孟)", "仲", "叔", "季" 등을 써서 형제 또는 사계절의 순서를 표시한다

a) 伯氏吹壎, 仲氏吹篪.(≪詩經 · 小雅 · 何人斯≫)

큰 형은 흙으로 만든 악기를 불고 둘째는 대나무로 만든 악기를 분다. / 伯: 형이다. 仲: 둘째이다. 壎(훈): 흙으로 만든 악기이다. 篪(호): 대나무로 만든 악기이다.

b) 孟冬十月, 北風徘徊.(曹操〈步出夏門行 · 冬十月〉)

겨울 첫 달에(즉 시월) 북풍가운데 배회하네.

5) 천간지지를 써서 표시한다. 예를 들면 子, 丑, 寅, 卯; 甲子, 乙丑, 丙寅, 丁卯 등이 있다

a) 子, 卯不樂.(≪禮記 · 檀弓≫)

자일 묘일은 음악을 연주하지 않는다.

오월 이십삼일 共叔段은 共나라로 도망갔다.

어법
차이

현대한어의 서수는 "第"를 써서 표시하는 것 외에 또 "初", "头"를 써서 표시할 수 있다. "初"는 날짜를 표시하는 순서에만 쓰이니 예를 들면 初一, 初二 등이 그것이다. "头"는 "第一"의 "第"를 대신할 수 있을 뿐이다. 예를 들면 头口 등이 그것이다: 그러나 "第"와 좀 다르니 "头"는 또한 몇 개의 수의 순서를 표시할 수 있기도 하다. 그래서 "头三名(상위3등)"과 "第三名(제3등)"은 뜻이 다르니 "头三名"은 둘째, 셋째를 그 안에 포함하는 것이다. 이 밖에도 항렬, 연월, 편호 등의 정황에서 기수를 써서 표시할 수 있다. 예를 들면 "二叔", "三哥"; "一九九三年", "十月六日"; "三年级五班", "六楼十五号" 등이 그것이다.

a) 爱你在心头口难开(마음속으로 너를 사랑하나 첫 고백을 하기 어렵다)

b) 你们班的头三名是多少分啊?(너희반의 상위3명은 몇 점이냐?)

3. 분 수

분수는 비례에 따라 총수의 얼마를 차지하는 수를 표시한다. 예를 들면 '삼분지일'이 그것이다. 고대한어분수표시법은 모두 여섯 가지가 있다.

1) 모의 수, 자의 수 사이에 分·名·之를 사용한다

冬至, 日在斗二十一度四分度之一.(≪漢書·律曆志≫)

동지 이날은 태양이 북두성의 이십일 도 그리고 사분지 일 도의 곳에 위치한다.

2) 모의 수, 자의 수 사이에 "名·之"를 사용한다

大都不過參國之一. (≪左傳·隱公元年≫)

큰 도성은 나라의 수도의 삼분지 일을 초과할 수 없다 / 參은 곧 三이다.

3) 모의 수, 자의수 사이에 "分 · 之"를 사용한다

故關中之地, 于天下三分之一.(≪史記 · 貨殖列傳≫)

그러므로 관중의 토지 면적은 천하의 삼분의 일을 차지합니다.

4) 모의 수, 자의 수 사이에 "之"를 사용한다

中, 五之一; 小, 九之一.(≪左傳 · 隱公元年≫)

중등의 도시는 나라 수도의 오분지 일을 초과할 수 없고 작은 도
시는 나라의 수도의 구분의 일을 초과할 수 없다.

5) 모의 수, 자의 수 사이에 "分"을 사용한다

子一分, 丑三分二, 寅九分八. (≪史記 · 律書≫)

음률 가운데 자율은 길이가 아홉 촌이고 축률은 길이가 아홉 촌
의 삼분지 이(여섯 촌)이고 인률은 길이가 아홉 촌의 구분지 팔이다
(여덟 촌).

6) "모의 수·자의 수"를 사용한다

戌死者固十六七.(≪史記·陳涉世家≫)

수자리를 서다 죽는 자가 실로 열에 예닐곱일 것입니다.

현대한어에서 분수의 표시방법은 모의 수와 자의 수 사이에 "分·之"를 사용하는 방법만을 쓰고 있다. 예를 들면 "二十分之一, 百分之五(이십분지일, 백분지오)"가 그것이다. 구어체에 "分"은 "股"로도 쓰는데 예를 들면 "三股之一"이 그것이다. 만약에 모의 수가 백이면 서면어로 쓸 때 5%라고 쓸 수 있고 모의 수가 십이면 모의 수 "十"은 나타나지 않고 "자의 수·分(成)"으로 표시할 수 있다. 예를 들면 "三分像人, 七分像鬼(30%는 사람같고 70%는 귀신형상이다)", "只有八成收(단지 80%를 받는다)" 등이 그것이다.

4. 배 수

1) 수사 뒤에 "倍"자를 보탤 수 있다

貴酒肉之價, 重其租, 令十倍其朴.(≪商君書・垦令≫)

조정에서는 술과 고기의 가격을 올려 그것의 세금을 중하게 하여 세금을 그 본 가격의 열 배로 하십시오. / 朴은 본전이다.

2) 한 배는 단지 "倍"만 쓰고 수사 "一"을 쓰지 않는다

商賈大者積貯倍息.(≪漢書・食貨志≫)

대상인들은 화물을 쌓아 두어 배의 이익을 취하였다.

3) 배수의 연용은 단지 한 개의 "倍"자를 쓰고 나머지는 생략해버리고 단지 수사만 남긴다

a) **或相倍蓰, 或相什百, 或相千萬.**(≪孟子・滕文公上≫)

어떤 것은 한 배 다섯 배의 차이가 나고 어떤 것은 열 배 백 배의 차이가 나고 어떤 것은 천 배 만 배의 차이가 납니다. 蓰(사)는 다섯 배이다.

b) 故用兵之法, 十則圍之, 五則攻之, 倍則分之.(≪孫子·謀
攻≫)

그러므로 군대를 지휘하여 작전하는 방법은 아군이 적군의 열 배
이면 그를 포위하고 다섯 배이면 그것을 공격하고 한 배이면 그것을
분산시키는 것입니다.

4) 단지 수사만 쓰고 "倍"자를 쓰지 않는다

利不百, 不變法; 功不十, 不易器.(≪商君書·更法≫)

(두지가 말하기를)이익이 백 배를 넘지 않으면 옛날의 법제를 바
꾸지 않고 공효가 열 배를 넘지 않으면 옛 기물을 바꾸지 않는다
하였습니다.

어법
차이   현대한어에서는 단지 수사 뒤에 "倍"자를 덧보태어 표시한
다. 예를 들면 "增加了兩倍(저수는 안에 포함되지 않는다.)" "增加到
(为)三倍"(저수가 안에 포함된다.)

5. 약 수

고대한어의 약수는 주로 네 종류의 표시법이 있었다.

1) 정수를 쓴다

誦詩三百, 弦詩三百, 歌詩三百, 舞詩三百.(≪墨子・公孟≫)

≪시경≫을 음송하고 ≪시경≫을 연주하고 ≪시경≫을 가창하고 ≪시경≫을 춤춘다. (≪시경≫은 305편으로 "삼백"은 약수이다.)

2) 두 개의 인수(隣數)를 연용한다

冠者五六人, 童子六七人.(≪論語・先進≫)

청년이 대여섯 명이고 아이가 예닐곱 명이었다.

3) 수사 앞에 "可", "將", "且", "垂"를 덧보탠다

a) 章小女, 年可十二.(≪漢書・王章傳≫)

왕장의 어린 딸은 나이가 대략 열둘이었다.

b) 今滕, 絶長補短, 將五十里也.(≪孟子・滕文公≫)

지금 등나라는 토지의 길이를 네모나게 맞춘다면 한 변의 길이가 대략 오십 리가 될 것입니다.

c) 北山愚公者, 年且九十.(≪列子・湯問≫)

북산의 우공은 나이가 대략 구십이었다.

d) 郡縣之制, 垂二千年而弗能改矣.(王夫之〈讀通鑒論〉)

군현제도는 약 이천여 년이 된 것으로 그것을 바꿀 수가 없습니다.

4) 수사 뒤에 "所", "許", "餘", "有餘"를 덧보탠다

a) 才留三千所兵守武昌耳.(≪三國志・吳志・周魴傳≫)

겨우 삼천 여 병사를 남겨 무창을 지키라고 하였다.

b) 山有石壁二十許丈.(≪水經注・浙江水≫)

산에는 이십여 길이나 되는 돌 벽이 있다.

c) 一車炭千餘斤.(白居易〈賣炭翁〉)

한 수레의 숯은 천 여 근이 된다.

d) 鄒忌修八尺有餘.(≪戰國策・齊策≫)

추기는 키가 여덟 자 남짓 된다.

어법차이   현대한어에서 약수는 인수를 연용하는 것(十六七岁 / 16、7세)으로 표시하는 것 외에 또 다른 두 가지 표시법이 있으니 하나는 수사 뒤에 "多", "来", "把", "左右", "上下" 등을 붙이는 것으로 예를 들면 "三十多", "二十来斤", "百把个", "五十左右", "六十上下" 등이 그것이다. 또 하나는 수사 앞에 "成", "上", "约", "近" 등을 보태는 것이다. 예를 들면: "成千上万的学生(수천수만 명의 학생들)", "约两千里路(이천여 리 길)", "近两万人口(이만여 명 인구)"가 그것이다.

a) 现在瘦了二十来斤, 感觉轻松多了!(지금은 20근 정도가 빠져서 매우 가볍게 느껴진다)

b) 只要有百把个企业就够了.(100여개의 기업만 있으면 충분하다.)

6. 의문수

의문수는 물음을 표시하는 수이다. 수를 묻는 의문대사로 보아도
된다.

고대한어의 의문수는 "幾", "幾何", "幾許" 등으로 표시했다.

a) 子來幾日矣?(《孟子·離婁》)

당신은 오신 지 얼마나 되었소?

b) 年幾何矣?(《戰國策·趙策》)

나이가 얼마나 되었소?

c) 欲識潮頭高幾許? 越山渾在浪花中.(蘇軾〈觀潮〉)

조수의 파도가 얼마나 되는지 알고 싶소? 월산이 혼연히 파도 속
에 잠겨 있네. / 渾은 가려져 나타나지 않는 모습이다.

> **어법 차이** 현대한어의 의문수는 자주 "几", "多少"를 써서 표시한다.
> 예를 들면 "几个人?(몇명인가요?)" "多少钱?(얼마인가요?)" 등이 그
> 것이다.

7. 허 수

허수는 다만 많거나 적음을 강조하고 실제를 가리키지는 않는 수이다. 허수는 약수와 다르다. 약수는 실제 수와 큰 차이가 없지만 허수는 실제 수와 관계가 별로 없거나 심지어 전혀 관계가 없다. 왕왕 과장적 색채를 띤다.

고대한어 허수에는 두 종류의 표시법이 있다.

1) 정수 "十", "百", "千", "萬"을 써서 표시한다

a) 將軍百戰死, 將士十年歸.(〈木蘭辭〉)

장군은 오랜 전투로 전장에서 죽고 장사는 몇 년 만에야 고향에 돌아오네.

b) 興師十萬, 出兵千里.(≪孫子·用間≫)

군대 십만을 출동하고 천 리 멀리 출병한다.

2) "三", "九" 및 그 배수로 표시한다

a) 一日不見, 如三秋兮.(≪詩經・王風・采葛≫)

하루라도 만나지 않으면 몇 년이 지난 것 같네.

b) 雖九死其猶未悔.(屈原〈離騷〉)

설사 여러 차례 죽는다 해도 나는 결코 후회하지 않으리.

c) 同行十二年, 不知木蘭是女郎.(〈木蘭辭〉)

여러 해를 같이 지냈지만 목란이 아가씨인 걸 몰랐다오.

> **어법 차이** 현대한어의 허수는 여러 성어들에 많이 쓰였다. 예를 들면: "十全十美", "千里马", "万箭齐发", "千方百计", "九牛一毛", "九死一生" 등이 그것이다.

양사는 사람 또는 사물의 동작행위단위를 표시하는 사류이다. 그것은 물량사와 동량사를 포함한다.

1. 물량사

물량사는 사람 또는 사물의 단위를 표시한다. 그것은 한편 도량형단위를 표시하는 양사와 천연단위를 표시하는 양사의 두 종류로 나뉜다.

1) 도량형단위의 양사

고금한어에 통용되는 것으로 다음과 같은 것들이 있다: 寸, 尺, 丈, 升, 斗, 斤, 兩, 畝, 里 등이다. 고대한어에는 별도로 '鈞, 鎰, 釜' 등 현대한어에 없는 것이 있다.

a) 吾力足以擧百鈞.(≪孟子・梁惠王≫)

나의 힘은 일백 鈞의 무게를 들어 올릴 수가 있다. / 鈞은 삼십 斤이다.

b) 黃金萬鎰爲用.(≪戰國策・秦策≫)

만 鎰의 황금을 비용으로 삼는다. / 鎰은 이십 냥이다.

c) 冉子爲其母請粟, 子曰: "與之釜."(≪論語・雍也≫)

염자가 그의 모친을 위하여 양식을 구하자 공자가 말하기를 "그에게 일 釜를 주어라." 했는데 부는 여섯 되 네 승이다.

2) 천연단위의 양사

고금한어에 통용되는 것으로는: 匹, 枚, 枝, 只 등이 있다. 고대한어에는 별도로 "乘, 箇, 介, 朋 등 현대한어에 이미 사용하지 않는 것이 있다.

a) 爲長安君約車百乘.(≪戰國策・趙策≫)

장안군에게 백 대의 수레를 메워 주었다.

b) 負服矢五十箇.(≪荀子・議兵≫)

(사병은) 오십 개의 화살을 담은 통을 지고 있었다. / 服은 "箙"과

통한다. 화살을 담는 통이다.

c) 勃三尺微命, 一介書生.(王勃〈滕王閣序〉)

나의 관직은 비천하여 일개서생에 불과하다.

d) 賜我百朋.(〈詩・小雅・菁菁者莪〉)

내게 백 쌍의 조개껍질(화폐)을 하사하셨다. / 朋은 두 개의 조개껍질이다.

2. 동량사

동량사는 동작행위의 단위를 표시한다.

고금한어에 통용되는 것으로 "次, 回, 遭, 遍, 場, 陣, 番" 등이 있다. 고대한어에는 별도로 "币, 匝, 通"등 현대한어에 이미 사용하지 않는 것이 있다.

a) 孔子游于匡, 宋人圍他數币.(≪莊子・秋水≫)

공자가 광땅에서 유세하는데 송나라 사람들이 그를 몇 겹으로 둘러쌌다. / 币(잡)은 "匝"과 같다.

b) 繞樹三匝, 何枝可依?(曹操 〈短歌行〉)

(참새들이)나무주위를 세 번 둘러보나 어느 나뭇가지가 의탁할 만
하리오?

c) 著我繡袷裙, 事事四五通.(〈焦仲卿妻〉)

나의 수놓은 겹 치마를 입어보며 입고 꽂은 꾸민 모양 너댓 번을
다듬어보네.

고금한어의 양사는 일반적으로 단독으로 사용할 수 없고 반드시
수사와 결합하여 수량사구를 이루어야 비로소 문장의 성분이 될 수
있다. 수사가 "一"일 때만 양사는 단독으로 쓸 수 있다. 고대한어에
는 ≪公羊傳·僖公33년≫에 "匹馬只輪無返者."(한 필의 말 한 개의
바퀴 모두 돌아오지 않았네.)라고 한 것이 그 예이고 현대한어에서
는 "买件衣服", 즉 "买一件衣服(한벌의 옷을 사다)"가 그것이다.

이 밖에도 고대한어에는 양사를 아주 적게 사용하고 대부분 수사
로 대체한다. 예를 들면 ≪聊齋志異·狼≫에서 "一(个)屠晚歸.(한 도
살자가 저녁에 돌아가는데)"가 그것이다. 그런데 현대한어에서는 반
드시 양사를 사용하니 "一张纸(한 장의 종이)"가 그것이고 이 점은
고대한어와 퍽 다르다.

제2장 허사

허사의 의미는 좀 공허하며 어법작용을 표시하는 데 중점이 있다. 허사는 부사, 개사, 연사, 조사, 탄사의 다섯 종류를 포함한다.

제1절 부 사

부사는 동사, 형용사 또는 기타 부사를 수식하는 품사이다. 부사는 상어(=부사어), 보어가 될 수 있는데 이것은 고금한어가 같다. 그러나 고대한어의 부사는 이따금 술어가 될 수 있는데 현대한어의 부사는 술어가 될 수 없다. 그것이 수식하는 특징에 따라 부사는 정도부사, 범위부사, 시간부사, 표수(表數)부사, 어기부사, 정태부사, 부정부사, 겸양부사의 여덟 종류로 나눌 수 있다.

1. 정도부사

정도부사는 성상이나 동작의 정도를 표시한다. 정도의 높고 낮음에 따라 다음과 같이 세 종류로 나눌 수 있다.

1) 경미한 정도

고대한어에 자주 쓰인 것으로 다음과 같은 것들이 있다: 少, 略, 稍 등.

a) 太后之色少解.(≪戰國策·趙策≫)

조태후의 노한 기색이 좀 사라졌다.

b) (籍)略知其意, 又不肯竟學.(≪史記·項羽本紀≫)

항우는 약간 그 뜻을 이해하였으나 마음을 써서 그것을 다 배우려 들지는 않았다.

c) 弟感其言, 爲之稍節.(≪唐語林≫)

아우는 그 말에 감동하여 그 때문에 조금 절제하였다.

현대한어에 자주 쓰이는 것으로는: 稍微, 稍稍, 略微 등이 있다. 예를 들면: "天稍微一亮, 咱们就出发.(날이 조금 밝으면 우리 곧 출발합시다.)"

2) 비교의 정도

고대한어에 자주 쓰이는 것으로 다음과 같은 것들이 있다: 愈, 益, 彌, 滋 등이다.

a) 余聞而愈悲.(柳宗元〈捕蛇者說〉)

내가 듣고는 더욱 슬퍼졌다.

b) 人又益喜, 惟恐沛公不爲秦王.(≪漢書・高祖本紀≫)

사람들은 더욱 기뻐하였으나 혹시 패공이 진나라 왕이 되지 않을
까봐 걱정하였다.

c) 事之彌順, 其侵入愈甚.(≪荀子・富國≫)

큰 나라를 더욱 섬길수록 그 침략은 더욱 심해진다.

d) 貪取滋甚.(柳宗元〈蝜蝂傳〉)

탐람됨이 더욱 심하였다.

어법차이

현대한어에 자주 쓰이는 것으로는: 更, 更加, 越发 등이 있
다. 예를 들면: "雨过天晴, 景色显得更美丽了.(비가 지나고 날이 개
이니 경치가 더욱 아름다워졌다.)"

3) 최고의 정도

고대한어에 자주 쓰이는 것으로는 다음과 같은 것들이 있다: 至, 甚, 殊, 絶, 孔, 頗 등이다.

   a) 田畯至喜.(≪詩經・豳風・七月≫)

농업관리는 대단히 기뻐하였다.

   b) 君美甚.(≪戰國策・齊策≫)

그대가 대단히 멋지십니다. / "甚"은 보어로 쓰였다.

   c) 亦太甚矣, 先生之言!(≪戰國策・趙策≫)

그대의 말씀은 또한 지나치십니다. / "甚"은 술어로 쓰였다.

   d) 老臣今者殊不欲食.(≪戰國策・趙策≫)

노쇠한 신하는 현재 아주 음식을 먹고 싶지 않습니다.

   e) 秦女絶美.(≪史記・伍子胥列傳≫)

진나라 여자들은 대단히 아름답다.

   f) 我朱孔陽.(≪詩經・豳風・七月≫)

나의 붉은 실은 몹시 선염합니다.

g) **頗似淳漆.(沈括≪夢溪筆談 · 雜志≫)**

(석유가)몹시 순수한 칠과 같았다.

현대한어에 자주 쓰이는 것으로는 很, 最, 极, 非常, 格外 등이 있다. 예를 들면: "非常重要(대단히 중요하다)", "满意极了.(몹시 만족한다.)"(보어로 쓰였다.)

2. 범위부사

범위부사는 동작 또는 성상의 범위를 표시한다. 범위의 크기에 따라 다음과 같은 네 종류로 나눌 수 있다.

(1) 전체를 표시

고대한어에 자주 쓰이는 것으로: 皆, 悉, 擧, 俱, 咸, 畢 등이 있다.

a) **百堵皆興.(≪詩經 · 大雅 · 綿≫)**
백 개의 담장이 모두 만들어졌다.

b) 項羽悉引兵渡河.(≪史記·張耳陳余列傳≫)

항우는 사병을 모두 이끌고 강을 건넜다.

c) 宮中府中, 俱爲一體.(諸葛亮〈出師表〉)

황제의 궁중과 승상의 부중이 모두 하나가 되어야 합니다.

d) 天下之民擧安.(≪孟子·公孫丑≫)

천하의 백성들이 모두 안정되었다.

e) 群賢畢至, 少長咸集.(王羲之≪蘭亭集序≫)

여러 현인들이 모두 이곳에 이르렀고 젊은이와 노인이 모두 모였다.

> **어법 차이** 현대한어에 자주 쓰이는 것으로는: 都, 统统, 一概 등이 있다. 예를 들면: "都去参观(모두 참관하러 간다)", "统统都去.(다 같이 간다.)" 등이 있다.

(2) 단독을 나타냄

고대한어에 자주 쓰이는 것으로: 僅, 獨, 唯, 止, 但, 徒, 特 등이 있다.

a) 齊王遁而走莒, 僅以身免.(≪史記·樂毅列傳≫)

제나라 왕이 거읍으로 도망갔는데 겨우 홀로 도피하였다.

b) 天明登前途, 獨與老翁別.(杜甫〈石壕吏〉)

날이 밝아 길을 떠날 때 단지 할아버지와만 이별하였다.

c) 方今唯秦雄天下.(≪史記・魯仲連鄒陽列傳≫)

지금은 오직 진나라만이 천하에 영웅일 뿐입니다.

d) 擔中肉盡, 止有剩骨.(≪聊齋志異・狼≫)

멘 자루의 고기는 다 버렸고 남은 뼈다귀만 있습니다.

e) 死去原知萬事空, 但悲不見九州同.(陸游〈示兒〉)

죽어버리면 본래 만사가 다 헛됨을 알지만 오직 슬픈 것은 중원
이 통일됨을 보지 못하는 것이라네.

f) 葉徒相似, 其實味不同.(≪晏子春秋・內篇≫)

(귤과 탱자)의 잎사귀는 단지 비슷할 뿐 그것의 열매의 맛은 같지 않다.

g) 丞相特前戲許灌夫, 殊無意往.(≪史記・魏其武安侯列傳≫)

승상은 다만 이전에 장난으로 관부에게 허락했을 뿐 실제로는 갈
마음이 없습니다.

 현대한어에 자주 쓰이는 것으로는: 只, 光, 仅仅 등이 있다. 예를 들면: "光想他(그 사람만 생각한다.)", "仅仅三元钱.(겨우 삼 위앤의 돈)"이 있다.

3) 공통됨을 표시

고대한어에 자주 쓰이는 것으로는: 共, 同, 齊, 相與 등이 있다.

a) 父老乃帥子弟共殺沛令.(≪史記·高祖本紀≫)

어른들이 자제들을 거느리고 함께 패령을 죽였다.

b) 兩兒齊哭.(林嗣環〈口技〉)

두 어린애가 함께 울었다.

c) 官吏相與慶于庭.(蘇軾〈喜雨亭記〉)

관리들이 함께 뜰에서 경하하였다.

 현대한어에 자주 쓰이는 것으로는: 共同, 一同, 一起 등이 있다. 예를 들면: "共同努力(함께 노력하다)", "一同前往(같이 가다.)"이 있다.

4) 서로를 표시

고대한어에 자주 쓰이는 것으로: 相, 交, 相與 등이 있다. 그중 "相"은 "互相", "遞相"을 표시할 뿐 아니라 "單相"을 표시한다.

a) 苟富貴, 無相忘!(≪史記·陳涉世家≫)

만약 부귀해진다 해도 서로 잊지 맙시다. / "相"은 "互相"을 표시한다.

b) 父子相傳, 此漢之約也.(≪史記·魏其武安侯列傳≫)

부자가 차례로 자리를 넘기는 것 이것이 한나라의 제도입니다. / "相"은 "遞相"을 표시한다.

c) 本自同根生, 相煎何太急!(≪世說新語·文學≫)

본래 한 뿌리에서 태어났거늘 어찌 이리도 급히 핍박하는가! / "相"은 "單相"을 표시하며 "我"로 번역할 수 있다.

d) 矢交墜兮士爭先.(〈楚辭·國殤〉)

화살이 어지러이 떨어지니 전사들은 분연히 앞으로 나가네.

e) 布衣相與交往.(≪韓非子·五蠹≫)

평민들이 서로 사귀었다.

현대한어에 자주 쓰이는 것으로는: 互相, 相互 등이 있다. 이 두 개의 부사는 "互相"의 뜻만 있고 "递相", "单相"의 뜻은 없다. 예들 들면: "互相体贴(서로 살갑다)", "相互理解(서로 이해하다)"가 있다.

3. 시간부사

시간부사는 동작발생의 시간을 표시한다. 시간부사는 다음의 여섯 종류로 나눌 수 있다.

(1) 처음을 표시

고대한어에 자주 쓰이는 것으로: 初, 始, 本이 있다.

a) 初旣與余成言兮. 後悔遁而有他.(屈原〈離騷〉)

처음에는 나와 약속을 하였더니 뒤에는 첫 마음을 버리고 딴 뜻을 내었네. / 悔遁: 후회하고 바뀌어감.

b) 五代時始印五經.(沈括≪活板≫)

오대 때에 처음으로 목판으로 ≪오경≫을 인쇄하기 시작했다.

c) (太形, 王屋)本在冀州之南, 河陽之北.(≪列子·湯問≫)

(태형과 왕옥 두 큰 산은) 원래 기주의 남쪽 하양의 북쪽에 있었다.

　　현대한어에 자주 쓰이는 것으로는: 当初, 原来, 原先 등이 있다.
예를 들면: "我原先去过北京.(나는 원래 북경에 가본 적이 있다.)"가 있다.

(2) 과거를 표시

고대한어에 자주 쓰이는 것으로: 已, 旣, 嘗, 業 등이 있다.

a) 度已失期.(≪史記·陳涉世家≫)

목적지에 도달하는 것을 따져보면 이미 기한을 놓쳤습니다.

b) 鷄旣鳴矣.(≪詩經·齊風·鷄鳴≫)

닭이 이미 울어요.

c) 孔子嘗爲委吏矣.(≪孟子·萬章≫)

공자는 일찍이 창고를 관리하는 낮은 관리를 했었다.

d) 良業爲取履, 因長跪履之.(≪史記·留侯世家≫)

장량은 이미 그를 위해 신발을 주워왔고 곧 몸을 바로하고 꿇어
앉아 그에게 신겼다. / 之: 圯上老人(이상노인)을 가리킨다.

  현대한어에 자주 쓰이는 것으로는: 已经, 曾经이 있다. 예를 들면: "已经走了(이미 갔다.)", "曾经去过.(일찍이 가본 적이 있다.)"이 있다.

(3) 지금을 표시

고대한어에 자주 쓰인 것으로는: 正, 方, 適, 鼎 등이 있다.

a) 江晚正愁予, 山深聞鷓鴣.(辛棄疾⟨書江西造口壁⟩)

贛江(감강)의 저무는 풍경은 막 나를 수심에 차게 하는데 깊은 산에서는 자고새 울음소리 들리네.

b) 有娀方將.(≪詩經·商頌·長發≫)

유융 씨의 아가씨 바야흐로 장성하였네.

c) 荊王適興兵而攻宋.(≪呂氏春秋·召類≫)

형왕이 마침 군대를 내어 송나라를 공격하였다.

d) 天子春秋鼎盛.(≪漢書·賈誼傳≫)

천자의 연세가 한창 성하였다.

  현대한어에 자주 쓰이는 것으로는: 正, 在, 正在 등이 있다. 예를 들면: "他在学习.(그는 공부하고 있다.)"가 있다.

(4) 장래를 표시

고대한어에 자주 쓰이는 것으로: 將, 且, 行, 垂 등이 있다.

a) 公將戰.(≪左傳·莊公十年≫)

魯나라 장공이 장차 전쟁을 하려 했다.

b) 若屬皆且爲所虜.(≪史記·項羽本紀≫)

너희들은 모두 장차 포로가 될 것이다.

c) 桑者閑閑兮, 行與子還兮.(≪詩經·魏風·十畝之間≫)

뽕따는 여인들 긴장하여 바쁘네, 장차 그대와 함께 집에 돌아가리
라. / 閑閑: 사람들이 많이 왕래하는 모양.

d) 取判鋪背上, 以大杖擊二十, 垂死.(柳宗元〈段太尉逸事狀〉)

판결장을 가져다가 늙은 농부의 등에 붙이고 큰 몽둥이로 이십 차
례 때리니 장차 죽으려 하였다.

현대한어에 자주 쓰이는 것으로는: 將要, 就要 등이 있다.
예를 들면: "太阳将要落山了.(해가 산으로 지려 한다.)", "大学生活
就要结束了.(대학생활이 끝나려 한다.)"가 있다.

(5) 마침내를 표시

고대한어에 자주 쓰이는 것으로: 終, 卒, 竟 등이 있다.

a) 魯仲連辭讓者三, 終不肯受.(≪戰國策·趙策≫)

노중련은 여러 차례 사양하고 마침내 관작을 받지 않았다.

b) (令尹子蘭)卒使上官大夫短屈原于傾襄王.(≪史記·屈原列傳≫)

(영윤 자란은) 마침내 상관대부로 하여금 경양왕 면전에서 굴원을 비방하게 하였다.

c) 有志者, 事竟成.(≪後漢書·耿弇列傳≫)

뜻이 있는 사람은 사업이 마침내 성공한다.

> **어법차이** 현대한어에 자주 쓰이는 것으로는: 终于, 终究, 到底 등이 있다. 예를 들면: "他终于来了.(그는 마침내 왔다.)"가 있다.

(6) 오래고 짧은 시간을 표시

고대한어에 오랜 시간을 표시하는 것으로는: 久, 長, 常, 恒 등이 있다. 짧은 시간을 표시하는 것으로는: 暫, 姑, 且, 突, 遽, 旋, 尋, 隨, 輒 등이 있다.

a) 吾久不見賈生.(≪漢書·賈誼傳≫)

내 오랫동안 가의를 보지 못했다.

b) 吾長見笑于大方之家.(≪莊子·秋水≫)

내 늘 학문 있는 사람들의 조소를 받았다.

c) 人恒過, 然後能改.(≪孟子·告子≫)

사람은 늘 잘못을 범한 후에야 비로소 바로잡을 수 있다.

d) 卿但暫還家, 吾今且報府.(〈焦仲卿妻〉)

당신은 다만 잠시 친정집에 가 있으시오, 내 곧 관청에 가서 사무
를 보리다.

e) 遽契其舟.(≪呂氏春秋·察今≫)

즉시 배에다가 기호를 새겼다.

f) 未果, (劉子驥)尋病死.(陶潛〈桃花源記〉)

일을 이루지 못하고 (유자기는) 얼마 안 가 병으로 죽었다.

g) 每責一頭, 輒傾數家之産.(≪聊齋志異·促織≫)

매번 한 마리를 거두니 즉시 몇 집이 파산했다.

현대한어에 오램을 표시하는 것으로는: 永远, 永久, 好久, 时常, 常常 등이 있고 짧음을 표시하는 것으로는: 立刻, 马上, 一时, 有时, 偶尔 등이 있다.

a) 他好久没来了.(그는 오랫동안 오지 않았다.)
b) 他马上就到.(그는 곧 옵니다.)
c) 我偶尔下下围棋.(나는 가끔 바둑을 둔다.)

4. 표수부사

수를 표시하는 부사는 동작행위의 수량을 표시한다. 수를 표시하는 부사는 다음의 네 종류로 나눌 수 있다.

(1) 수의 빈번함을 표시

고대한어에 자주 쓰이는 것으로: 頻, 數, 亟, 屢, 仍 등이 있다.

a) 是時, 地數震裂, 衆災頻降.(≪後漢書 · 李雲傳≫)

이때에 땅이 여러 차례 갈라지더니 여러 가지 재앙이 누차 강림하였다.

b) **亂政亟行, 所以敗也.**(≪左傳·隱公五年≫.)

혼란한 정치가 여러 차례 시행된 것 이것이 실패의 원인이다. / 亟: 누차.

c) **仍執丑虜.**(≪詩經·大雅·常武≫)

여러 차례 적을 사로잡았다.

현대한어에 자주 쓰이는 것으로는: 屢次, 再三 등이 있다.
a) 他们屢次创造新记录.(그들은 누차 신기록을 세웠다.)
b) 再三挽留.(재삼 만류하다.)

(2) 수의 반복을 표시

고대한어에 자주 쓰이는 것으로는: 又, 復, 更 등이 있다.

a) **狼復群至.**(馬中錫〈中山狼傳〉)

이리들이 또 떼를 이루어 왔다.

b) **更無他裘.**(≪史記·孟嘗君列傳≫)

다시는 더 다른 갖옷이 없습니다.

현대한어에 자주 쓰이는 것으로는: 又, 再 등이 있다.

a) 他拿着这封信看了又看.(그는 이 편지를 들고 보고 또 보았다.)

b) 你再读一遍.(그는 다시 한 번 읽었다.)

(3) 수의 대략을 표시

고대한어에 자주 쓰이는 것으로는: 約, 率, 幾, 可, 且垂, 將 등이 있다.

a) 舟首尾長約八分有奇.(魏學洢≪核舟記≫)

배의 머리와 꼬리의 길이는 대략 팔 분 정도가 되었다. / 奇: 남짓.

b) 封者食稅租, 歲率戶二百.(≪史記・貨殖列傳≫)

습봉을 받은 사람은 조세로 먹고 살았는데 매년 대략 이백 호였다. /
(상편의 제일장 실사 제오절의 수사 약수를 참조하기 바람.)

현대한어에 자주 쓰이는 것으로는: 大约, 将近 등이 있다.

a) 他大约有十六七岁了.(그는 대략 열예닐곱 살 되었다.)

b) 老王将近七十岁了.(라오왕은 거의 칠십이다.)

(4) 수의 총합을 표시

고대한어에 자주 쓰이는 것으로는: 凡, 總, 都 등이 있다.

a) 凡殺三人.(≪漢書·文三王傳≫)

모두 세 사람을 죽였다.

b) 試問閑愁都幾許?(賀鑄〈靑玉案〉)

묻건대 한가로운 시름 모두 얼마나 되나?

> **어법차이**
>
> 현대한어에 자주 쓰이는 것으로는: 共, 总共 등이 있다.
>
> a) 这个集子共收小说二十篇.(이 문집은 모두 이십 편의 소설을 싣고 있다.)
> b) 全班总共有五十名学生.(한 반에 모두 오십 명의 학생이 있다.)

5. 정태부사

정태부사는 동작행위의 정태를 표시한다. 정태부사는 형용사와 흡사하다, 그러나 그것들은 술어가 될 수 없으므로 부사로 보는 것이 합당하다.

고대한어에 자주 쓰이는 것으로는: 油然, 沛然, 勃然, 汪然, 恂恂, 施施 등이 있다.

a) 天油然作雲, 沛然下雨, 則苗勃然興之矣.(≪孟子·梁惠王
上≫)

만일 하늘에 유연히 구름이 끼고 패연히 큰비가 쏟아진다면 그러
면 벼싹은 곧 발연히 생장할 것입니다.

b) 蔣氏大戚, 汪然出涕.(柳宗元〈捕蛇者說〉)

장씨는 크게 슬퍼하며 줄줄 눈물을 흘렸다.

c) 吾恂恂而起.(柳宗元〈捕蛇者說〉)

내가 조심하여 일어났다.

d) (良人)施施從外來, 驕其妻妾.(≪孟子·離婁下≫)

(남편)이 의기양양하게 밖으로부터 돌아와서 처첩면전에서 자랑을
하였다.

어법차이 현대한어에 자주 쓰이는 것으로는: 悄悄, 怔怔, 骇然, 默默,
竭力, 猛然, 毅然 등이 있다.
 a) 他悄悄地走进房间.(그는 살그머니 방안으로 들어갔다.)
 b) 他骇然地瞪大双眼, 怔怔地看着春兰.(그는 해괴하여 놀란 모양으
    로 두 눈을 크게 뜨고 두려워하는 모습으로 춘란을 바라다보
    았다.)

6. 어기부사

어기부사는 술어의 앞에 쓰여 모종의 어기를 표시한다. 어기에 따라 다음의 다섯 종류로 나눌 수 있다.

(1) 확정을 표시

고대한어에 자주 쓰이는 것으로는: 誠, 信, 必, 固 등이 있다.

a) 賢者誠重其死.(≪史記·季布欒布列傳≫)

재덕 있는 사람들은 확실히 그의 목숨을 중시했다.

b) 信知生男惡, 反是生女好.(杜甫〈兵車行〉)

참으로 남자를 낳는 것이 재앙이고 도리어 여자애 낳는 것만 못함을 알겠네.

c) 古之學者必有師.(韓愈〈師說〉)

고대에 배움을 구하는 사람들은 반드시 스승이 있었다.

d) 州縣之設, 固不可革也.(柳宗元〈封建論〉)

군현제의 건립은 확실히 바꿀 수가 없다.

현대한어에 자주 쓰이는 것으로는: 的确, 当然, 固然, 一定, 必定 등이 있다.
a) 这本书的确好看.(이 책은 확실히 보기 좋다.)
b) 你当然要去.(너는 당연히 가야 한다.)
c) 一定要努力工作.(반드시 열심히 일해야 한다.)

(2) 추측을 표시

고대한어에 자주 쓰이는 것으로는: 蓋, 殆, 其 등이 있다.

a) 克終者蓋寡.(魏征〈諫十思疏〉)

종말을 잘 맞이하는 사람은 아마도 적을 것이다.

b) 此殆天所以資將軍.(≪三國志·蜀志·諸葛亮傳≫)

이것은 아마도 하늘이 장군을 돕는 까닭일 것입니다.

c) 周之敗端, 其在此乎?(柳宗元〈封建論〉)

주나라가 멸망한 원인은 아마도 여기에 있지 않겠는가?

현대한어에 자주 쓰이는 것으로는: 大概, 恐怕, 或许, 也许 등이 있다.
a) 他大概知道这件事.(그는 아마도 이 일을 알 것이다.)
b) 他也许有这本书.(그에게 아마도 이 책이 있을지도 모른다.)

(3) 놀람을 표시

고대한어에 자주 쓰이는 것으로는: 竟, 乃 등이 있다.

a) 及呂后時, 事多故也; 然平竟自脫.(≪史記·陳丞相世家≫)

여후의 때에 이르러서는 사태에 변고가 많이 발생하였는데 그러나 진평은 놀랍게도 재난을 면하였다.

b) 問今是何世, 乃不知有漢.(陶潛〈桃花源記〉)

지금이 어느 시대인가 물으니 놀랍게도 한나라가 있는 것을 몰랐다.

현대한어에 자주 쓰이는 것으로는: 竟然, 居然 등이 있다. 예를 들면: 这样宏伟的建筑, 竟然只用十个月的时间就完成了.(이런 웅장한 건축이 놀랍게도 십 개월 만에 완성되었다.)

(4) 반문을 표시

고대한어에 자주 쓰이는 것으로는: 豈, 寧, 其, 巨, 庸 등이 있다.

a) 沛公不先破關中兵, 公巨能入乎?(≪漢書·高祖紀≫)

패공이 관중의 군대를 먼저 격파하지 않는다면 그대가 설마 들어올 수 있겠는가? / 巨: "詎"와 같다.

b) **吾庸敢驚霸王乎?**(≪呂氏春秋·下賢≫)

내가 설마 감히 패왕을 멸시하겠는가?

현대한어에 자주 쓰이는 것으로는: 难道가 있다. 예를 들면:
这件事你难道不知道?(이 일을 설마 네가 모르겠느냐?)
(하편 제4장 단문 제6절 의문문, 반어문을 참고하시오.)

(5) 기원을 표시

고대한어에 자주 쓰이는 것으로는: 其, 尙 등이 있다.

a) **吾子其無廢先君之功!**(≪左傳·隱公三年≫)

그대는 선군의 공업을 버리지 마시오.

b) **爾尙輔予一人.**(≪尙書·湯誓≫)

당신이 나를 보좌하시오!

현대한어에 자주 쓰이는 것으로는: 可, 得 등이 있다.
a) 你可别忘了!(너 잊으면 안 돼!)
b) 你得去!(너는 가야 한다!)

(6) 상반됨을 표시

고대한어에 자주 쓰이는 것으로는: 反, 顧 등이 있다.

a) 仲尼反爲臣而哀公顧爲君.(≪韓非子·五蠹≫)

공자가 도리어 신하가 되고 애공이 도리어 나라의 군주가 되었다.

b) 足反居上, 首顧居下.(≪漢書·賈誼傳≫)

발이 도리어 위에 있고 머리가 도리어 아래에 있다.

> **어법차이** 현대한어에 자주 쓰이는 것으로는: 反而, 反倒 등이 있다. 예를 들면: 你做错了事反而责怪我.(넌 일을 잘못해 놓고 도리어 나를 탓한다.)

(7) 요행을 표시

고대한어에 자주 쓰이는 것으로는: 幸, 幸而, 僥倖 등이 있다.

a) 天下幸而安樂無事.(≪史記·魏其武安侯列傳≫)

천하가 다행히도 안락하고 재앙이 없었다.

b) 庶劉僥倖保卒餘年.(李密〈陳情表〉)

아마도 조모 유씨는 요행히 수명을 다할 수 있을 것이다.

현대한어에 자주 쓰이는 것으로는: 幸亏, 多亏 등이 있다.
예를 들면: 幸亏他来了.(다행히 그가 왔다.)

7. 부정부사

부정부사는 행위 또는 성상에 대해 부정을 표시한다.

(1) 진술의 부정을 표시

고대한어에 자주 쓰이는 것으로는: 不, 弗, 未, 靡, 匪 등이 있다.

a) 公弗許.(≪左傳·隱公元年≫)

鄭나라 莊公이 응낙하지 않았다.

b) 此殊未當.(沈括≪夢溪筆談·藥議≫)

이것은 아주 합당치 못하다.

c) 方內安寧, 靡有兵革.(≪史記·孝文本紀≫)

경내가 평안하고 전쟁이 없었다.

d) 我心匪石.(≪詩經·邶風·柏舟≫)

내 마음은 돌이 아니라네.

현대한어에 자주 쓰이는 것으로는: 不, 没, 没有 등이 있다.
a) 我不想去.(난 가고 싶지 않다.)
b) 他没去.(그는 가지 않았다.)

(2) 기원의 부정을 표시

고대한어에 자주 쓰이는 것으로는: 無, 毋, 勿, 莫 등이 있다.

a) 苟富貴, 無相忘!(≪史記·陳涉世家≫)

만일 부귀해진다 해도 서로 잊지 맙시다!

b) 大毋侵小.(≪左傳·襄公十九年≫)

큰 나라는 작은 나라를 침범하지 말라.

c) 願將軍勿慮.(司馬光〈赤壁之戰〉)

장군은 우려하지 맙소서.

d) 時時爲安慰, 久久莫相忘!(〈焦仲卿妻〉)

때때로 위안을 얻고 영원히 나를 잊지 마세요.

현대한어에 자주 쓰이는 것으로는: 別, 不要, 不用 등이 있다.
a) 你別走.(당신은 가지 마세요.)
b) 你不用管我.(당신은 날 참견하지 마세요.)

8. 겸양부사

겸양부사는 남에게 존경을 표시하고 자기에게 겸양을 표시한다. 이런 부사는 고대 계급사회의 특유한 산물로서 현대한어에는 이런 용법이 없어졌으며 단지 개별적으로 "请问", "谨供参考" 등에 계속 사용되고 있을 뿐으로 어떤 단어들은 현대한어로 번역하기가 매우 어렵다.

(1) 존경을 표시

고대한어에 자주 쓰이는 것으로는: 謹, 請, 敬, 惠 등이 있다.

a) 謹再拜.(司馬遷〈報任安書〉)

삼가 재배합니다.

b) 璧有瑕, 請指示玉.(≪史記·廉頗藺相如列傳≫)

벽옥에 흠집이 있으니 청컨대 그것을 당신께 보이게 하여 주시기
바랍니다.

c) 敬受命.(≪史記·陳涉世家≫)

삼가 명령을 받듭니다.

d) 子惠思我.(≪詩經·鄭風·褰裳≫)

그대는 나를 그리워한다.

(2) 겸양을 표시

고대한어에 자주 쓰이는 것으로는: 敢, 竊, 伏 등이 있다.

a) **敢問何謂浩然之氣?**(《孟子・公孫丑》)

감히 묻건대 무엇이 호연지기입니까?

b) **竊自恕.**(《戰國策・趙策》)

가만히 스스로를 용서하였다.

c) **臣伏見天后時**……(柳宗元 〈駁[復仇議]〉)

제가 천후를 배알할 때…… / 天后: 武則天.

제2절 개 사

    개사는 명사, 대명사 또는 품사의 결합을 동사, 형용사 등에 소개하는 품사이다. 개사는 일반적으로 단독으로 운용될 수 없으며 반드시 기타 품사와 "개빈(介賓)구조"를 이루어야 비로소 문장의 성분으로 충당될 수 있다. 개빈구조는 술어 앞에 위치하여 부사어가 되거나 술어 뒤에 놓아 보어가 되기도 한다. 소개하는 대상의 다름에 따라 개사는 시간개사, 처소개사, 원인개사, 방식개사, 인사(人事)개사의 다섯 종류로 나눌 수 있다.

1. 시간개사

시간개사는 시간을 표시하는 품사를 동사에게 소개하는데, 동작행위발생의 시간을 설명하는 데 쓰인다.

고대한어에 자주 쓰이는 것으로는: 于, 以, 由, 至, 迨 등이 있다.

a) 子于是日哭, 則不歌.(≪論語·述而≫)

공자는 이날에 곡하였고 노래를 부르지 않았다.

b) (田)文以五月五日生.(≪史記·孟嘗君列傳≫)

전문은 오월 오일 출생하였다. / 田文: 孟嘗君.

c) 由文王至孔子, 五百餘歲.(≪孟子·盡心≫)

문왕으로부터 공자에 이르기까지 이미 오백여 년이 되었다.

d) 迨天之未陰雨, 徹彼桑土.(≪詩經·豳風·鴟鴞≫

하늘이 비를 내리지 않는 틈을 타서 저 뽕나무뿌리의 껍질을 벗기리라.

현대한어에 자주 쓰이는 것으로는: 在, 当, 从, 打, 自从 등이 있다.

a) 当你遇到困难的时候, 一定要鼓起勇气.(네가 곤란을 마주쳤을 때 반드시 용기를 내어라.)

b) 打明天起, 我每天六点起床.(내일부터 나는 매일 여섯시에 일어난다.)

2. 처소개사

처소개사는 지점을 소개하는 품사를 동사에 소개하는 것으로 동작 행위발생의 처소를 설명하는 데 쓰인다.

고대한어에 자주 쓰이는 것으로는: 于, 乎, 以, 由 등이 있다.

a) 戰于長勺.(≪左傳 · 莊公十年≫)

장작에서 전쟁을 하였다.

b) 夕至乎縣圃.(屈原 〈離騷〉)

저녁에 곧 곤륜산의 현포에 도달하였다.

c) 今以長沙豫章往, 水道多, 絶難行.(≪漢書·西南夷傳≫)

이제 장사에서 南昌으로 가려는데 물길이 많아 대단히 가기 어렵다.

d) 由屋頂放光入室.(薛福成〈觀巴黎油畵記〉)

집 꼭대기로부터 햇빛이 쏟아져 집안으로 들어왔다.

> **어법차이** 현대한어에 자주 쓰이는 것으로는: 在, 从, 自, 打, 朝, 向, 沿着 등이 있다.
>   a) 汽车从大桥上开过去了.(자동차가 큰 다리로부터 달려갔다.)
>   b) 他刚才打我们前走过去.(그는 방금 우리들 앞으로부터 걸어 지나갔다.)
>   c) 咱们沿着湖边散步吧.(우리 호숫가를 따라 산보하자.)

3. 원인개사

원인개사는 원인을 표시하는 품사를 동사에게 소개하는 것으로 모종의 동작행위를 산생시키는 원인을 설명하는 데 쓰인다.

고대한어에 자주 쓰이는 것으로는: 以, 爲, 于, 緣 등이 있다.

a) 吾以捕蛇獨存.(≪柳宗元〈捕蛇者說〉≫)

나는 뱀을 잡는 일로써 홀로 살아남았소.

b) 天行有常, 不爲堯存, 不爲桀亡.(≪荀子・天論≫)

자연계의 운행은 규칙이 있는 것으로 요임금 때문에 존재하지 않고 걸임금 때문에 망하지도 않는다.

c) 業精于勤, 荒于嬉.(韓愈〈進學解〉)

학업은 근면함으로써 정진되고 나태함으로써 황폐해진다.

d) 花徑不曾緣客掃.(杜甫〈客至〉)

꽃밭의 길은 손님이 온다 해서 쓸어낸 적이 없다.

> **어법차이** 현대한어에 자주 쓰이는 것으로는: 因, 因为, 为 등이 있다.
> a) 他因病请假.(그는 병으로 휴가를 냈다.)
> b) 因为这事, 他很伤心.(이 일 때문에 그는 아주 마음이 아팠다.)
> c) 大家都为他的精彩表演热烈鼓掌.(모두들 그의 훌륭한 공연에 열렬히 박수쳤다.)

4. 방식개사

방식개사는 방식 또는 공구를 표시하는 품사를 동사에 소개하는
것으로 동작행위의 방식 또는 의지하는 수단을 설명하는 데 쓰인다.
고대한어에 자주 쓰이는 것으로는: 以, 于, 用, 依 등이 있다.

a) 許子以釜甑爨, 以鐵耕乎?(≪孟子·滕文公上≫)

그대에게 솥으로 밥하고 철기로 밭갈기를 허락하는가? / "以"는 공
구를 표시한다. 爨: 불 때어 밥하는 것.

b) 居則敎民于射法.(≪漢書·晁錯傳≫)

집에 거할 때는 활 쏘는 법을 가지고서 백성들을 가르쳤다. / "于"
는 방식을 표시한다.

c) 思遠依事劾奏.(≪南史·王思遠傳≫)

왕사원은 사실에 기초하여 탄핵상주하였다.

> **어법차이**
>
> 현대한어에 자주 쓰이는 것으로는: 按, 按照, 依照, 根据, 凭
> 등이 있다.
> a) 按制度办事.(제도에 따라 일을 처리한다.)
> b) 依照方案施工.(방안에 의거하여 시공한다.)
> c) 凭证据下结论.(증거에 따라 결론을 내린다.)

5. 인사(人事)개사

인사개사는 사람 또는 사물에 관련되는 품사를 동사에 소개하는 것으로 동작행위의 대상을 설명하는 데 쓰이고 형용사에게는 비교의 대상을 설명한다.

고대한어에 자주 쓰이는 것으로는: 爲, 與, 于, 乎, 以 등이 있다.

a) 爲之請制.(≪左傳・隱公元年≫)

(강씨는) 그를 위해 제땅을 청하였다. / 之: 共叔段을 가리킨다.

b) 公與之乘.(≪左傳・莊公十年≫)

노나라 장공은 그와 함께 수레에 탔다. / 之: 曹劌를 가리킨다.

c) 生乎吾前, 其聞道也固先乎吾.(韓愈〈師說〉)

나보다 먼저 태어났더라면 그가 도를 듣는 것은 자연 나보다 빠르다. / 두 번째 "乎"는 비교의 대상을 끌어낸다.

d) 苛政猛于虎.(≪禮記・檀弓≫)

잔혹한 정치는 호랑이보다 더 무섭다. / 于: 비교의 대상을 끌어낸다.

e) 王割漢中以楚和.(≪戰國策・周策≫)

왕은 한중땅을 할양하여 초나라와 강화하였다.

현대한어에 자주 쓰이는 것으로는: 给, 跟, 同, 替, 将, 把, 比, 朝, 向 등이 있다.

a) 我给他回过信.(나는 그에게 편지 답장을 한 적이 있다.)
b) 把一切献给国家.(모든 것을 국가에 바쳤다.)
c) 姐姐比妹妹高一点儿.(언니는 동생보다 좀 키가 크다.)
d) 他向我点点头.(그는 나에게 고개를 끄덕였다.)

제3절 연 사

연사는 품사, 품사의 조합 또는 문장을 연접시키는 품사이다. 연사는 단지 연접하는 작용을 할 뿐 문장의 성분으로 충당될 수가 없다. 표시하는 관계의 다름에 따라 연사는 병렬연사, 승접연사, 점층연사, 선택연사, 반전연사, 양보연사, 인과연사, 가설연사, 조건연사, 주종연사의 열 종류로 나눌 수 있다.

1. 병렬연사

병렬연사는 병렬등립하는 품사, 품사의 결합 또는 문장을 연접한다.
고대한어에 자주 쓰이는 것으로는: 與, 及, 暨, 而, 以 등이 있다.

a) 子罕言利與命與仁.(≪論語·子罕≫)

공자는 이익과 명운과 인덕에 대해 아주 적게 말했다.

b) 生莊公及共叔段.(≪左傳·隱公元年≫)

(武姜은) 장공과 공숙단을 낳았다.

c) 禹拜稽首, 讓于稷契暨臯陶.(≪尙書·堯典≫)

하우씨는 읍하고 머리를 조아려 직계와 고요에게 양보하였다.

d) 聞善而不善, 皆以告其上.(≪墨子·尙同≫)

좋은 말과 좋지 않은 말을 들으면 모두 그대의 상사에게 고해야
한다.

e) 今申不害言術, 而公孫鞅爲法.(≪韓非子·定法≫)

지금 신불해가 술법을 말하는데 공손앙은 법제를 주장하고 있다. /
"而"는 두 개의 병렬하는 문장을 연접시키고 있다.

f) 身旣死兮神以靈.(屈原〈國殤〉)

몸은 이미 죽었으나 천신과 신령으로 되었네.

현대한어에는 "与", "及", "以及", "而" 외에 자주 "和", "跟", "同", "又……又……", "一边……一边" 등을 쓴다.

a) 小张高大而丰满.(샤오쟝은 키가 크고 살쪘다.)

b) 小王和小张一起在灯下学习.(샤오왕과 샤오쟝은 함께 등불 아래 공부한다.)

c) 张老师跟李老师都在开会.(쟝 선생님과 이 선생님은 모두 회의 하고 계시다.)

d) 水又绿又深.(물이 푸르고 깊다.)

e) 他们一边唱歌, 一边跳舞.(그들은 한편 노래 부르고 한편 춤춘다.)

2. 승접연사

승접연사는 동작이 앞뒤로 이어지며 사리가 전후로 연계되는 품사나 문장을 연접시킨다.

고대한어에 자주 쓰이는 것으로는: 而, 則, 卽, 乃, 斯, 然後 등이 있다.

a) 孔子下車而前.(≪莊子·盜跖≫)

공자가 수레에서 내린 뒤 곧 앞으로 왔다. / 而: 곧.

b) 予樂而如其言, 則崇其臺.(柳宗元〈鈷鉧潭記≫)

나는 즐겁게 그의 말을 들었고 곧 그 누대를 더 높게 지었다. / 則: 곧.

c) 壯士不死卽已, 死卽擧大名耳.(≪史記·陳涉世家≫)

장사는 죽지 않으면 그만이지만 죽는다면 곧 한 번의 대사업을 일으켜야 한다. / 卽: 곧.

d) 守丞死, 乃入據陳.(≪史記·陳涉世家≫)

부군수는 전사하였고 (진섭의 의병은) 들어가 진현을 점거하였다. / 乃: 곧.

e) 我欲仁, 斯仁至矣.(≪論語·述而≫)

내가 인을 하려고 하면 인이 곧 온다. / 斯: 곧.

f) 世有伯樂然後有千里馬.(韓愈〈馬說〉)

세상에는 말을 잘 알아보는 백락이 있은 연후에야 천리마가 있게 된다.

 현대한어에 자주 쓰이는 것으로는: 就, 便, 接着, 于是, 然后 등이
있다.

  a) 想起来就说.(생각이 나면 말해라.)
  b) 我先是诧异, 接着是很不安.(나는 처음엔 의아하게 여겼고 이어
     서는 몹시 불안했다.)
  c) 公司动员大家学习英语, 于是一个英语学习小组就建立起来了.(회
     사는 모두를 동원하여 영어를 공부하도록 하였으므로 이에 하나
     의 영서학습조직이 곧 건립되었다.)

3. 점층연사

점층연사는 점층관계가 있는 품사나 문장을 연접시킨다.
고대한어에 자주 쓰이는 것으로는: 而, 且, 非徒, 況, 何況 등이 있다.

  a) 公子鮑美而艶.(≪左傳·文公十六年≫.)

공자포는 아름다울 뿐 아니라 화려하였다.

  b) 君子有酒, 旨且多.(≪詩經·小雅·魚麗≫)

군자에게 술이 있는데 달콤할 뿐 아니라 풍부하다네.

c) 非徒無益, 而又害之.(≪孟子・公孫丑≫.)

유익함이 없을 뿐 아니라 또한 그것을 해칩니다. / 之: "싹"을 가리킨다. 非徒: "非獨", "非但", "非特", "非直"으로 쓸 수도 있는데 뜻은 한가지이다. 여기에 예시하지 않는다.

d) 蔓草猶不可除, 況君之寵弟乎?(≪左傳・隱公元年≫)

만연한 잡초도 도리어 뽑아낼 수 없으니 하물며 당신이 총애하는 아우에 있어서이랴?

현대한어에 자주 쓰이는 것으로는: "而且", "并且", "不但……而且……", "不仅……而且……", "何況", "況且" 등이 있다.

a) 本月的任务保证可以完成, 并且能提前四天.(이번 달의 임무는 완성을 보장할 수 있을 뿐 아니라 또한 나흘을 앞당길 수 있다.)

b) 军队不但是一个战斗队, 而且主要地是一个工作队.(군대는 비단 하나의 전투부대가 아니라 주요한 하나의 공작부대이다.)

c) 古人尚且能做到, 何况今人呢?(옛사람도 해내었거늘 하물며 오늘날 사람이랴?)

4. 선택연사

선택연사는 선택취사관계가 있는 문장을 연접시킨다.

고대한어에 선택을 표시하는 것으로는: 將, 抑, 若, 如 등이 있고, 취사를 표시하는 것으로는: 與其……孰若……, 與……豈若……, 寧……無…… 등이 있다.

a) 秦歟? 漢歟? 將近代歟?(李華〈弔古戰場文〉)

진대인가? 한대인가? 아니면 근대인가?

b) 豈得之難而失之易歟? 抑本其成敗之迹而皆自于人歟?
(歐陽修〈伶官傳序〉)

설마 제위를 얻는 것이 어렵고 제위를 잃는 것은 쉽다는 것이란 말인가? 아니면 그의 성공과 실패의 경험을 추구해 보면 모두 인간사에서 비롯된 것이란 말인가? / 本: 미루어 보다. 迹: 경험. 自: ……로부터

c) 民年七十以上若不滿十歲, 有罪當刑者, 皆免之.(≪漢書·惠帝紀≫)

백성 중 나이가 칠십이 넘은 노인 또는 열 살이 안 된 어린아이는 죄가 있어 처벌해야 해도 모두 그들을 사면해야 합니다.

d) 安見方六十七如五六十而非邦也者?(≪論語·先進≫)

어찌 사방 육칠십 리 또는 오륙십 리가 되면서도 국가가 아닌 것을 볼 수가 있습니까?

e) 與其坐而待亡, 孰若伐之?(≪三國志·蜀志·諸葛亮傳〉
　　注引張儼≪默記≫)

앉아서 멸망을 기다리는 것이 어찌 군대를 내어 북벌하는 것만 하겠는가? / 후자를 선택한다.

f) 寧爲鷄口, 無爲牛後.(≪戰國策·韓策≫)

닭의 부리가 될지언정 소의 꼬리가 되기는 원치 않는다. / 전자를 선택한다.

어법차이 　현대한어에 선택을 표시하는 것으로는: "或……或", "或者……或者", "是……还是……" 등이 있고 취사를 표시하는 것으로는: "与其……宁可……", "与其……不如……", "宁愿……也不……" 등이 있다.

a) 或者你去, 或者我去.(네가 가거나 내가 간다.)

b) 是你去, 还是我去?(네가 갈 거냐? 아니면 내가 가냐?)

c) 与其屈膝投降, 宁可粉身碎骨.(굴복하여 투항하기보다는 차라리 몸이 부서지는 것이 낫다.) 후자를 선택한다.

d) 宁愿早到半小时, 也不迟到半分钟.(차라리 반 시간을 일찍 도착할지언정 삼십 초도 지각하지 않는다.) 전자를 선택한다.

5. 반전연사

　　반전연사는 반전관계가 있는 품사나 문장을 연접시킨다. 반전은 세 종류로 나눌 수 있다. 첫째는 반전으로 사리상 의외임을 표시하고 둘째는 가벼운 반전으로 전후사리가 일관되나 단지 좀 부족함을 표시하고 셋째는 타전으로 본래 이 일을 말하고 있으나 홀연 다른 일을 말하는 것으로 바뀜을 표시한다.

　　고대한어에 반전을 표시하는 것으로는: 然, 而, 然而 등이 있고 가벼운 반전을 표시하는 것으로는: 而, 但, 顧 등이 있고, 타전을 표시하는 것으로는: 至如, 至若, 若夫 등이 있다.

a) 陳平智有餘, 然難以獨任.(≪史記·高祖本紀≫)

진평의 지혜는 남음이 있지만 그러나 단독으로 중임을 맡기엔 어렵습니다. / 然: 반전을 표시.

b) 辭多類非而是.(≪呂氏春秋·察傳≫)

언사가 많은데 맞는 것 같지 않으면서도 맞았다. / 而: 반전을 표시.

c) 七十者衣帛食肉, 黎民不饑不寒, 然而不王者, 未之有也.
(≪孟子·梁惠王≫)

칠십 세 이상의 사람들이 비단옷을 입고 고기를 먹고 일반백성들

이 주리지 않고 춥지 않는데도 이와 같음에도 왕노릇하지 못하는 것
은 이전에 없었던 일입니다. / 然而: 현대한어의 "然而"와 함의가 같
지 않다. 여기에서는 "기왕 이러함에도 도리어"의 뜻이다.

　　d) (莊姜)美而無子.(≪左傳・隱公三年≫)

(장강)은 아름다웠으나 자녀가 없었다. / 而: 가벼운 반전을 표시.

　　e) 公干(之文)有逸氣, 但未遒耳.(≪三國志・魏志・吳質傳≫)

공간(의 문장)은 비범한 기개가 있으나 그러나 창경하지는 못하다. /
但: 가벼운 반전을 표시한다. 逸氣(일기): 세속을 초탈한 기개. 遒
(주):강경하여 힘이 있음.

　　f) 兵不在多, 顧用之如何耳.(≪資治通鑒・唐紀≫)

군사는 많음에 있지 않고 그것을 어떻게 사용하는가에 달렸을 뿐
이다. / 顧(고): 가벼운 반전을 표시.

　　g) 若夫霪雨霏霏, 連月不開. ……至若春和景明, 波瀾不驚.
　　　(范仲淹〈岳陽樓記≫)

음우가 면면히 내려 몇 달 동안 개이지 않았다. ……봄에 이르자
따스한 양광이 찬란하고 파도가 일렁이지 않았다.

　　현대한어에 반전을 표시하는 것으로는: 虽然, 但是, 却是 등이 있고: 가벼운 반전을 표시하는 것으로는 可是, 不过 등이 있고: 타전을 표시하는 것으로는 至于 등이 있다.

　　a) 他虽然年纪小, 但是力气大.(그는 비록 나이는 어리지만 그러나 힘이 세다.)

　　b) 本来预备今天拍摄外景, 只是天还没有晴, 不能拍摄.(본래는 오늘 바깥경치를 찍을 예정이었지만 날이 아직 개이지 않아 찍을 수가 없다.)

　　c) 近几年, 村里新盖的楼房就有几百栋, 至于农家添置的日用电器就不可胜数了.(요 몇 년 마을에 새로 지은 아파트가 몇 백 동이 되니 농가에 설치된 일용전자제품은 이루 셀 수가 없다.)

6. 양보연사

양보연사는 양보관계가 있는 문장을 연접시킨다.
고대한어에 자주 쓰이는 것으로는: 雖, 縱, 卽 등이 있다.

a) 雖殺臣, 不能絶也.(≪墨子·公輸≫)

비록 저를 죽인다 해도 송나라로 하여금 초나라를 방어하게 하는 것을 금할 수는 없습니다.

b) **縱我不往, 子寧不來?**(≪詩經・鄭風・子衿≫)

설사 내가 가지 않는다 해도 당신이 설마 오지 않겠는가?

c) **卽捕得三兩頭, 又劣弱不中于款.**(≪聊齋志異・促織≫)

설령 두세 마리를 잡는다 해도 모두 열악하고 약소하여 규격에 부합되지 못합니다. / 款: 규격.

어법차이 현대한어에 자주 쓰이는 것으로는: 尽管, 纵然, 即使, 哪怕 등이 있다.
  a) 纵然有天大困难, 也吓不倒我们.(설사 하늘만큼 큰 곤란이 있다 해도 우리를 위협하지는 못한다.)
  b) 哪怕困难再大, 我们也要完成任务.(설령 곤란이 아무리 크다 해도 우리는 임무를 완성해야 한다.)

7. 인과연사

인과연사는 인과관계가 있는 문장을 연접시킨다.

고대한어에 원인을 표시하는 것으로는: 以, 爲, 由, 因 등이 있고 결과를 표시하는 것으로는: 故, 是故, 是以, 以故 등이 있다.

a) 以其郊于大國, 斧斤伐之.(≪孟子·告子≫)

(나무가) 큰 나라의 근교에 있는 까닭에 도끼로 그것을 자릅니다.

b) 輿薪之不見, 爲不用明焉.(≪孟子·梁惠王≫)

한 수레의 땔나무의 불도 보지 못하는 것은 눈을 사용하지 않았기 때문입니다.

c) 其言不讓, 是故哂之.(≪論語·先進≫)

자로가 말하는 것이 겸양스럽지 못하여 이 때문에 그를 비웃은 것이다. / 哂: 웃다.

어법차이 현대한어에 원인을 표시하는 것으로는: 因为, 由于 등이 있고 결과를 표시하는 것으로는: 所以, 因此, 以致 등이 있다.

a) 因为今天进城要办的事情多, 所以天刚亮他就出门了.(오늘 시내에 가서 해야 할 일이 많기 때문에 날이 막 밝자마자 그는 곧 문을 나섰다.)

b) 他事先没有充分调查研究, 以致做出了错误的结论.(그는 사전에 충분히 조사연구하지 않았기 때문에 잘못된 결론을 도출해내었다.) 以致: 좋지 않은 결과를 주로 가리킨다.

8. 가설연사

가설연사는 가설관계가 있는 문장을 연접시킨다.

고대한어에 자주 쓰이는 것으로는: 如, 若, 苟, 使, 令, 設使, 向使, 藉使, 若使, 自非 등이 있다.

    a) **使趙不將括則已, 若必將之, 破趙軍者必括也.**
       (≪史記・廉頗藺相如列傳≫)

만일 조나라가 趙括을 장군으로 쓰지 않는다면 그만이지만 만일 반드시 그를 장군으로 쓴다면 조나라 군대를 격파하는 것은 반드시 조괄일 것입니다.

    b) **向使能瞻前顧後, 援鏡自鑒, 則何陷于凶患乎?(≪後漢書・張衡傳≫)**

만일 앞을 내다보고 뒤를 돌아다보아 거울을 들고 스스로를 비춰본다면 어찌 환난 속으로 뛰어들 수 있겠습니까?

    c) **自非亭午夜分, 不見曦月.(≪水經注・江水≫)**

만일 정오와 한밤중이 아니라면 태양과 달을 볼 수 없을 겁니다. / 曦(희): 햇빛. 여기서는 태양을 가리킴.

현대한어에 자주 쓰이는 것으로는: 如果, 假如, 假使, 倘若 등이 있다.

a) 如果机器坏了, 我就去修理.(만일 기계가 고장났다면 내가 곧 수리하러 가겠다.)

b) 倘若他们不投降, 就坚决消灭之.(만약 그들이 투항하지 않는다면 곧 결연히 그들을 소멸시키겠다.)

9. 조건연사

조건연사는 조건관계가 있는 문장을 연접시킨다.
고대한어에 자주 쓰이는 것으로는: 非, 除, 無 등이 있다.

a) 非先爲天子, 不可得而具.(≪呂氏春秋 · 本味≫)

먼저 천자가 되지 않고서는 좋은 말을 구할 수 없습니다. / 非: ……하지 않고서는. 유일한 조건을 표시한다.

b) 除吾死外, 當無見期.(韓愈〈祭十二郎文〉)

내가 죽는 것을 제외하고는 서로 볼 날이 없을 것이다. / 除: 유일한 조건을 표시한다.

c) (郭解)天下無賢與不肖, 知與不知, 皆慕其名.(≪史記・游俠
列傳≫.)

(곽해는) 천하에 현명하거나 불초하거나를 막론하고 그를 알거나
모르거나를 막론하고 모두 그를 앙모하였다. / 無: ……을 막론하고. 조
건 없음을 표시한다.

　　현대한어에 자주 쓰이는 것으로는: 只有, 除非(유일한 조건),
只要(필요조건), 不论, 不管, 任凭(무조건) 등이 있다.

a) 文艺工作只有和群众打成一片, 才能找到最丰富的创作源泉.(문예
작업은 오직 군중과 한 덩어리가 되어야만 가장 풍부한 창작원
천을 얻을 수 있다.)

b) 除非你去请, 他才会来.(네가 가서 청하여야만 그는 비로소 올 것
이다.)

c) 只要充分调动群众的积极性, 生产任务就能够顺利完成.(군중의 적극
성을 충분히 동원해야만 생산임무는 곧 순조롭게 완성될 것이다.)

d) 任凭风云多变幻, 革命的智慧能胜天.(풍운이 마음대로 변화하도
록 두어야 혁명의 지혜는 하늘을 이길 것이다.)

10. 주종연사

주종연사는 주종관계가 있는 품사나 품사의 결합을 연접시킨다.

고대한어에 자주 쓰이는 것으로는: 而, 以 등이 있다.

a) 朝而往, 暮而歸.(歐陽修〈醉翁亭記〉)

아침에 나가서 저녁에 돌아온다.

b) 匍匐以進.(馬中錫〈中山狼傳〉)

기면서 전진했다.

현대한어에는 오직 "而"만이 있을 뿐이다. 가장 자주 보이는 격식은 "为……而……"이다.
a) 热泪滚滚而下.(뜨거운 눈물이 줄줄 흘러내렸다.)
b) 为我们的胜利而努力奋斗!(우리의 승리를 위하여 열심히 분투하자!)

제4절 조 사

조사는 문장의 보조재료를 조성하는 품사이다. 그것은 문장 중에 쓰여 모종의 어법의의나 모종의 어기 또는 음절을 보충하는 작용을 한다. 조사는 결구조사, 음을 보충하는 조사, 어기조사와 시태조사의 네 종류로 나눌 수 있다.

1. 결구조사

결구조사는 문장성분 속에서 결구관계를 표시한다.
고대한어에 자주 쓰이는 것으로는: 之, 所, 者 등이 있다.

(1) 之

결구조사 "之"는 주로 다음의 여섯 가지 작용을 한다. 하나는 정어
와 중심어 사이에 쓰여 정어의 표지가 되는 것으로 현대한어의 "的"
에 해당되고 두 번째는 보어와 중심어 사이에 쓰여 보어의 표지가
되는 것으로 현대한어의 "得"에 해당되고 세 번째는 주어와 술어 사
이에 쓰여 문장의 독립성을 취소하는 것으로 명사성 품사결합으로
만들어 문장의 성분을 충당하는 것이고 네 번째는 복문의 앞 문장에
쓰여 어의가 끝나지 않음을 표시하고 다음 문장을 여는 것이고 다섯
번째는 주어와 개빈구조 사이에 쓰여 개빈구조를 강조하는 작용을
하는 것이고 여섯 번째는 빈어와 술어 사이에 쓰여 빈어를 앞으로
놓는 작용을 하는 것이다.

a) 操蛇之神聞之.(≪列子・湯問≫)

손에 뱀을 든 산신령이 이 일을 들었다. / "之"는 정어 "操蛇"와 중심어 "神" 사이에 쓰였다.

b) 何興之暴也!(≪史記・項羽本紀≫)

얼마나 흉포하게 흥기한 것인가! / "之"는 중심어 "興"과 보어 "暴" 사이에 쓰였다.

c) 臣以王之攻宋也, 爲與此同類.(≪墨子・公輸≫)

저는 왕이 송나라를 치는 것은 이것과 같은 유라고 생각합니다. / "之"는 주어 "王"과 술어 "攻宋" 사이에 쓰여 문장의 독립성을 취소하고 한 품사조합을 이루어 술어 "以"의 빈어가 된다.

d) 雖我之死, 有子存焉.(≪列子・湯河≫)

설사 내가 죽더라도 자식이 존재한다. / "之"는 복문의 앞 문장에 쓰여 어의가 끝나지 않았음을 표시한다.

e) 寡人之于國也, 盡心焉耳矣.(≪孟子・梁惠王上≫)

과인의 나라에 대함은 마음을 다하는 것뿐입니다. / "之"는 주어 "寡人"과 개빈구조 "于國" 사이에 쓰여 개빈구조를 강조하는 작용을 한다.

f) 宋何罪之有?(≪墨子・公輸≫)

송나라에 무슨 죄가 있습니까? / "之"는 빈어 "何罪"와 술어 "有" 사이에 쓰여 빈어를 앞으로 놓는 작용을 한다.

(2) 所

"所"는 동사, 형용사 또는 품사의 조합 앞에 쓰여 "所"자 결구를 구성하여 유관한 사람 또는 사물을 표시한다. 예를 들면: "所愛"는 "좋아하는 사람"이고 "所知"는 "알고 있는 일"이다. 하편 제3장 품사결합 "所"자 결구에 자세한 것이 보인다.

(3) 者

"者"는 동사, 형용사, 수사, 품사조합의 뒤에 쓰여 "者"자 결구를 구성하여 "……하는 사람", "……한 일", "……한 것" 등을 표시한다. 예를 들면: "知者"는 곧 "총명한 사람"이고 "耕者"는 곧 "밭가는 사람"이며 "逝者"는 곧 "없어진 사물"이고 "此五者"는 곧 "이 다섯 사람"이고 "假輿馬者"는 곧 "수레와 말을 이용하는 사람"이다. 자세한 것은 하편 제3장 품사결합 "者"자 결구에 보인다.

이 밖에도 "者"는 때로 문장의 끝에 붙어 앞의 동사 "似", "若", "如" 등과 서로 결합하여 "似(若, 如)……者"의 격식(때로는 단독으로 "者"를 쓰기도 한다)을 이룬다. 이 "者"는 모종의 정황을 대칭하는 것으로 현대한어의 "像……樣子", "好像……似的"에 상당한다.

a) 貌若甚戚者.(柳宗元〈捕蛇者說〉)

그의 표정은 마치 매우 슬픈 것 같았다.

b) 然往來視之, 覺(似)無異能者.(柳宗元〈黔之驢〉)

그러나 오며가며 그 나귀를 살펴보니 그것은 마치 무슨 별다른 능력이 없는 것 같았다. / 이 구에서는 동사 "似"를 생략했다.

현대한어에 자주 쓰이는 것으로는: 的, 地, 得, 似的(一样), 来着(来的), 所 등이 있다.

(1) 的

결구조사 "的"은 주로 세 종류의 작용을 한다. 하나는 정어와 중심어 사이에 쓰여 정어의 표지가 되는 것이고 두 번째는 "的"자 결구를 이루는 것이고 세 번째는 "了" 또는 "等等, 之類"의 뜻으로 활용되는 것이다. "的"은 술어와 빈어 사이에 쓰여 시태조사 "了"로 바뀔 수가 있으며 두 개의 동류의 품사 뒤에 쓰여 "等等, 之類"의 뜻을 표시한다.

a) 偉大的祖國.(위대한 조국) "的"은 정어와 중심어 사이에 쓰였다.

b) 穿紅衣服的是我姐姐.(붉은 색 옷을 입은 사람이 내 언니이다.) "的字結构"를 이루었다.

c) 谁叫你找的我?(누가 너더러 나를 찾으라 했니?) "的"은 "了"로 활용되었다.

d) 他整天演算几何, 三角的.(그는 온종일 기하, 삼각 등을 계산한다.) "的"은 "等等, 之類"로 활용되었다.

(2) 地

결구조사 "地"는 상어와 중심어 사이에 쓰여 부사어의 표지가 된다.

a) 小王热情地向他招手.(샤오왕은 열렬히 그를 향해 손짓하여 불렀다.)

b) 王大伯满脸堆笑地点着头.(왕 아저씨는 얼굴가득 웃음이 그득한 채 고개를 끄덕이고 있다.)

(3) 得

결구조사 "得"은 중심어와 보어 사이에 쓰여 보어의 표지가 된다.

a) 他回答得很響亮.(그는 아주 우렁차게 대답했다.)

b) 那出戏好得很.(그 극은 아주 좋다.)

(4) 似的(一样)

결구조사 "似的"(一樣)은 품사 또는 품사결합의 뒤에 쓰여 비교를 표시하고 정어 또는 상어가 된다.

a) 傾盆似的大雨下个不停.(대야를 쏟은 듯한 큰비가 그치지 않고 내린다.)

b) 捷报像雪片一样地飞来.(승전보가 눈송이처럼 날아왔다.)

(5) 來着(來的)

결구조사 "來着"(來的)은 문장말미에 붙어 오래지 않은 때에 발생한 정황을 표시한다.
　　a) 他上午写毛笔字来着.(그는 오전에 붓글씨를 썼다.)
　　b) 你刚才做什么来的?(너는 방금 무얼 했니?)

(6) 所

不为金钱所动.(금전에　움직여지지　않는다). / 하편　제3장　품사결합 "所"자 결구를 참조하시오.

2. 보음(補音)조사

보음조사는 문장 속에서 단지 음절을 보충해 주는 작용을 한다.
고대한어에서 이러한 조사는 ≪詩經≫ 속에 많이 보이고 기타 전적에는 드물게 보인다.

(1) 문두에 쓰이는 것

자주 쓰이는 것으로는: 爰, 曰, 聿, 載, 越, 言, 逝, 式 등이 있다.

a) 爰及矜人.(≪詩經·小雅·鴻雁≫)

은혜가 고난스런 백성들에 미쳤다.

b) 曰殺羔羊.(≪詩經·豳風·七月≫)

살진 양을 잡았다.

c) 聿修厥德.(≪詩經·大雅·文王〉.)

자신의 품덕을 수양하라.

d) 載弁俅俅.(≪詩經·周頌·絲衣≫)

둥근 모자 단정하고 정중하네.

e) 越翼日戊午, 乃社于新邑.(≪尙書·召誥≫)

내일 무오일에 새 읍에서 사신(社神)에게 제사지내리라. / 翼(익): 翌(다음날 익)과 같다. / 明天: 내년이다. 社: 동사로 쓰였고 제사지낸다는 뜻이다.

d) 言念君子.(≪詩經・秦風・小戎≫)

군자를 그리워하네.

e) 天下之事, 逝其去矣.(≪後漢書・岑彭傳≫)

천하의 일은 장차 지나가려 한다.

f) 式相好矣.(≪詩經・小雅・斯干≫)

서로 친애하네.

(2) 문중에 쓰이는 것.

자주 쓰이는 것으로는: 云, 曰, 于, 聿 등이 있다.

a) 道之云遠.(≪詩經・邶風・雄雉≫)

도로가 아득하다. / "之"는 결구조사이다.

b) 我東曰歸.(≪詩經・豳風・東山≫)

나는 동방으로부터 돌아왔다.

c) 黃鳥于飛.(≪詩經・周南・葛覃≫)

누런 새가 날아돈다.

d) 我征聿至.(≪詩經·豳風·東山≫)

내 정벌 떠난 남편 장차 돌아오려 하네.

(3) 문말에 쓰인 것

자주 쓰이는 것으로는: 思, 止, 只, 忌, 之, 來 등이 있다.

a) 不可泳思.(≪詩經·周南·漢廣≫)

수영해 갈 수가 없네.

b) 齊子歸止.(≪詩經·齊風·南山≫)

文姜이 시집간다네.

c) 不諒人只.(≪詩經·鄘風·柏舟≫)

남을 헤아리지 못하네.

d) 叔善射忌.(≪詩經·鄭風·大叔于田≫)

큰 아저씨는 활을 잘 쏜다네.

e) 公將鼓之.(≪左傳·莊公十年≫)

장공은 장차 전투를 알리는 북을 치려고 했다.

f) 盍歸乎來?(≪孟子·離婁≫)

어찌 돌아오지 않는가?

현대한어에는 일반적으로 보음조사를 쓰지 않고 단지 노래가사 중에서만 볼 수가 있다. 예를 들면: 伟大的英雄么嗬咳.(위대한 영웅이여 허하이~)

3. 어기조사

어기조사는 문장 속에서 모종의 어기를 표시한다. 어기의 다름에 따라 어기조사는 진술어기조사, 의문어기조사, 감탄어기조사, 기원어기조사, 제기어기조사, 정지어기조사의 여섯 종류로 나눌 수 있다.

(1) 진술어기조사

고대한어에 자주 쓰이는 것으로는: 也, 矣, 耳, 爾 등이 있다. 그중 "也"는 긍정을 표시한다.(현대한어에는 일반적으로 "的"을 쓴다.) "矣"는 완성을 표시한다.(현대한어에는 일반적으로 "了"를 쓴다.) "耳", "尓"는 한정을 표시한다. (현대한어에서는 罢를 쓸 수 있다.)

a) 朽木不可雕也.(≪論語·公冶長≫)

썩은 나무는 조각할 수가 없다.

b) 吾知所過矣.(≪左傳·宣公二年≫)

나는 잘못한 과실을 압니다. / "矣"는 이미 그러함을 표시한다.

c) 吾將仕矣.(≪論語·陽貨≫)

나는 장차 벼슬을 할 겁니다. / "矣"는 장차 그러함을 나타낸다.

d) 口耳之間, 則四寸耳.(≪荀子·勸學≫)

입술과 귀 사이의 거리는 네 마디밖에 안 됩니다.

e) 非死則徙爾.(柳宗元〈捕蛇者說〉)

죽지 않는다면 이사 갈 뿐입니다.

어법차이   현대한어에 자주 쓰이는 것으로는: 的, 了, 呢, 嘛, 罢了 등이 있다.

a) 他知道这件事的.(그는 이 일을 안다.) "的"는 본래 그러함을 표시한다.

b) 他知道这件事了.(그는 이 일을 알게 되었다.) "了"는 정황의 변화를 표시한다.

c) 他写过多首诗呢.(그는 많은 시를 썼다.) "呢"는 경시할 수 없음

을 표시한다.

d) 人多力量大嘛.(사람이 많으면 힘이 커지는 것이지.) "嘛"는 분명히 그러함을 표시한다.

e) 他只写过一篇小说罢了.(그는 단지 한 편의 소설을 썼을 뿐이다.) "罢了"는 이것밖에 안 됨을 표시한다.

(2) 의문어기조사

의문어기조사는 의문의 어기를 표시하는 것이다.
고대한어에 자주 쓰이는 것으로는: 乎, 與, 耶, 邪 등이 있다.

a) 汝識之乎?(蘇軾〈石鐘山記〉)

너는 기억하느냐?

b) 不用賢則亡, 削何可得與?(≪孟子·告子≫)

현인을 쓰지 않으면 멸망을 맞을 것이니 억지로라도 존재하려면 어떻게 해야겠는가?

c) 又安敢毒耶?(柳宗元〈捕蛇者說〉)

또한 어찌 (뱀 잡는 일을) 원망하겠는가?

d) 文帝曰: "吏不當若是邪?"(≪史記·張釋之馮唐列傳≫)

문제가 말하였다: "관리는 응당 이와 같이 해서는 안 되는가?

현대한어에 자주 쓰이는 것으로는: 吗, 呢, 吧, 啦 등이 있다.

a) 你喜欢语文吗?(너는 어문을 좋아하니?)

b) 你爱好什么呢?(너는 무엇을 좋아하니?)

c) 你口渴吧?(넌 목이 마르지?)

d) 你想清楚什么啦?(넌 무엇을 이해하려는 거냐?)

하편 제4장 단문 제6절 의문문을 참고하시오.

(3) 감탄어기조사

감탄어기조사는 감탄의 어기를 표시한다.

고대한어에 자주 쓰이는 것으로는: 哉, 夫, 乎, 矣 등이 있다.

a) 美哉! 禹功.(≪左傳·昭公四年≫)

아름답도다! 우임금의 공업이여. / 이것은 주어와 술어가 도치된 구
문이다.

b) 天乎! 吾無罪.(≪史記·秦始皇本紀≫)

하늘이여! 저는 죄가 없습니다.

c) 今若是焉, 悲夫!(柳宗元〈黔之驢〉)

이제 이와 같구나, 슬프도다! / 是: 此, 這. 나귀를 대신하여 호랑이
에게 먹히다.

d) 甚矣! 汝之不惠.(≪列子·湯問≫)

너의 총명치 못함이 심하도다! / 이것은 주어와 술어가 도치된 구
문이다.

현대한어에 자주 쓰이는 것으로는: 啊, 啦 등이 있다.

a) 多么幸福啊!(얼마나 행복한가!)

b) 困难多得很啦!(곤란이 너무 많다!)

(4) 기원어기조사

기원어기조사는 청구, 권고, 명령의 어기를 표시한다.
고대한어에 자주 쓰이는 것으로는: 也, 矣, 乎 등이 있다.

a) 君其往也!(≪左傳·昭公三年≫)

당신은 가시오.

b) 先生休矣!(≪戰國策·齊策≫)

선생은 그만두시오.

c) 子其行乎!(≪左傳·僖公四年≫)

당신은 어서 도망가시오.

(5) 제기어기조사

제기어기조사는 전체 문장을 제기하는 어기를 표시한다. 이런 어기조사는 고대한어에만 있는 것이다. 자주 쓰이는 것으로는: 夫, 惟, 蓋 등이 있다.

a) 夫戰, 勇氣也.(≪左傳 · 莊公十年≫)

전투는 용기에 의존하는 것입니다. / "夫"는 의론을 펴는 것을 표시한다.

b) 惟庚寅吾以降.(屈原 〈離騷〉)

경인일에 나는 탄생하였네. / "惟"는 정중히 성명하는 어기를 표시한다.

c) 我行旣集, 蓋云歸處.(≪詩經 · 小雅 · 黍苗≫)

우리들의 임무는 이미 완성되었으니 개선하여 돌아가게 되었네. / "蓋"는 제기하는 작용을 한다.

(6) 정지어기조사

정지어기조사는 정지하는 어기를 표시한다.
고대한어에 자주 쓰이는 것으로는: 也, 者, 矣, 焉 등이 있다.

a) 回也不愚.(≪論語 · 爲政≫)

안회는 어리석지 않다.

b) 北山愚公者, 年且九十.(≪列子 · 湯問≫)

북산의 우공은 나이가 구십이 되려 한다.

c) 兄及弟矣, 式相好矣.(≪詩經 · 小雅 · 斯干≫)

형과 아우는 서로 친애하였네.

d) 于是焉河伯欣然自喜.(≪莊子 · 秋水≫)

이리하여 강의 신은 대단히 기뻐하였다.

> **어법차이**
>
> 현대한어에 자주 쓰이는 것으로는: 吧, 呢, 么, 啊 등이 있다.
> a) 去吧, 得花很多时间; 不去吧, 又不太礼貌.(간다면 많은 시간이 들 것이고 안 가면 또 예의가 없다.)
> b) 小张呢, 散文没做好, 就去做诗.(샤오장은, 산문을 다 짓지도 않고 시를 짓는다.)

c) 我的意见么, 并不重要.(내 의견은, 결코 중요하지 않다.)

d) 老李啊, 也有不对的地方.(이 씨는, 역시 옳지 못한 부분이 있다.)

(7) 어기조사의 연용

문말의 어기조사는 때로는 두 개 또는 두 개 이상을 연용할 수 있
다. 진술어기조사 뒤에는 기타 어기조사를 연용할 수 있고 기타어기
조사 뒤에는 진술어기조사를 연용할 수 없다. 연용한 어기조사는 어
기를 표달하는 임무가 있으나 어기의 중점은 마지막 어기조사에 있다.
고대한어의 어기조사 연용현상은 비교적 보편적으로 두 개의 어기
조사를 연용한 것으로: 也已, 也哉, 矣乎, 矣哉, 也夫, 矣夫, 也與,
也乎 등이 있고 세 개의 어기조사를 연용한 것으로: 也已矣, 而已
矣, 焉耳矣, 也乎哉, 也與哉, 焉者也 등이 있다.

a) 豈非計久長, 有子孫相繼爲王也哉?(≪戰國策 · 趙策≫)

(燕后를 대신하여) 긴 계책을 세워 (그녀가) 자손 대대로 연나라의
국왕을 하도록 희망하는 것이 아니겠는가?

b) 寡人之于國也, 盡心焉耳矣.(≪孟子 · 梁惠王≫)

과인의 나라에 대한 생각은 모든 마음을 다할 따름입니다.

현대한어에도 어기조사를 연용하는 현상이 있다. 두 개의 어
기조사를 연용한 것으로는: 的啊, 的吧, 了吧, 了呢, 了吗, 呢啊 등

이 있고: 세 개의 어기조사를 연용한 것은 드물게 보인다.

a) 小花是怎样到这里的呢?(샤오화는 어떻게 여기에 왔는가?)

b) 你吃完饭了吗?(넌 밥을 먹었니?)

c) 他走了呢.(그는 갔다.)

4. 시태조사

시태조사는 동작변화의 시태를 표시한다. 그것은 동사 또는 동사성 품사결합의 뒤에 붙어 있다. 이러한 조사는 현대한어에 특별한 것이다. 주요한 것으로는: 着, 了, 过가 있다. 그중 "着"은 동작의 진행 또는 지속을 표시하고: "了"는 동작이 이미 완성되었음을 표시하며: "过"는 동작이 진행된 적이 있음을 표시한다.

a) 桌子上放着电视机.(탁자 위에 텔레비전이 놓여 있다.)

b) 他打扫了房间.(그는 방을 청소했다.)

c) 大会讨论并通过了今年的生产计划.(대회에서는 올해의 생산계획을 토론하고 또 통과시켰다.)

d) 他去过一次北京.(그는 북경에 한 번 간 적이 있다.)

e) 以前我看过《红楼梦》.(이전에 나는 《홍루몽》을 읽은 적이 있다.)

탄사는 감탄 또는 소리에 응답하는 품사이다. 그 독특한 특징은: 다른 품사와 결합관계를 만들지 않고 문장 밖에 독립하여 쓰인다는 것이며: 동일한 탄사가 서로 다른 감정을 표시하고 동일한 감정을 표시하는 탄사도 서로 다른 탄사를 쓸 수 있다는 것이다. 탄사는 탄사와 응답사 두 종류로 나눌 수 있다.

1. 감탄사

감탄사는 강렬한 감정을 표달하는 데 쓰인다. 서로 다른 감정에 따라 대략 다음과 같은 다섯 종류로 나눌 수 있다.

(1) 찬미를 표시

고대한어에 자주 쓰이는 것으로: 噫, 譆, 於 등이 있다.

a) 噫! 微斯人, 吾誰與歸?(范仲淹〈岳陽樓記〉)

아! 이런 사람이 아니라면 내가 누구와 도를 같이하리오?

b) 文惠君曰: "譆! 善哉! 技蓋至此也!"(≪莊子 · 養生主≫)

문혜 군이 말하였다. "아! 훌륭하도다! 기교가 어찌 이러한 정도에 까지 이르렀는가!"

c) 於! 鯀哉!(≪尙書 · 堯典≫)

아! 곤이여! / 鯀(곤): 禹임금의 부친.

> **어법차이**
>
> 현대한어에 자주 쓰이는 것으로는: 嗬, 啊, 嘖 등이 있다.
> a) 嗬! 你真行!(아! 넌 정말 대단하다!)
> b) 啊! 这儿太美了!(아! 이곳은 너무 아름답다!)
> c) 嘖! 看着人家的口才多好!(야아! 사람들의 말재주를 보는 것이 얼마나 좋은가!)

(2) 비통을 표시

고대한어에 자주 쓰이는 것으로는: 噫, 於乎, 嗚呼 등이 있다.

a) 顏淵死, 子曰: "噫! 天喪予, 天喪予!"(≪論語 · 先進≫)

안연이 죽었다. 공자가 말하기를: "아아! 하늘이 망하게 하는구나.

하늘이 나를 망하게 하는구나.”

　　b) 於乎! 哀哉! 君人者, 千歲而不覺也.(≪荀子·王霸≫)

아아! 슬프도다! 나라의 군주가 천 년이 되어도 깨닫지 못한다니!

　　c) 嗚呼! 孰知賦斂之毒有甚是蛇者乎!(柳宗元〈捕蛇者說〉)

아! 세금을 걷는 해독이 이 독사보다 더 심하다는 걸 누가 알겠는가!

　　현대한어에 자주 쓰이는 것으로는: 唉, 咳 등이 있다.

a) 唉! 过去的苦真是诉不完.(아아, 지난날의 고통은 정말 다 호소
　　할 수가 없다.)

b) 咳! 一提起这事我就伤心.(아아! 이 일을 꺼내기만 하면 난 마
　　음이 아프다.)

(3) 애석함을 표시

고대한어에 자주 쓰이는 것으로는: 唉, 噫, 嗟乎 등이 있다.

　　a) 唉! 竪子不足與謀.(≪史記·項羽本紀≫)

아아! 어린 아해들은 더불어 큰일을 도모할 수가 없다.

　　b) 問之其隣, 或曰: “噫! 刑戮也!”(韓愈〈圬者王承福傳〉)

그의 이웃에게 그의 일을 물어보면, 어떤 이는 말하기를: “아! 이

미 형벌로 죽었습니다."라 한다.

c) 陳涉太息曰: "嗟乎! 燕雀安知鴻鵠之志哉!"(≪史記·陳涉世家≫)

진섭이 탄식하여 말하기를: "아아! 제비나 참새가 어찌 큰 기러기의 뜻을 알겠는가!"

현대한어에 자주 쓰이는 것으로는: 唉, 唉呀 등이 있다.

a) 唉! 这么新的衣服弄脏了.(아아! 이렇게 새 옷이 더러워지다니.)

b) 唉呀! 我真糊涂!(아이구! 난 정말 어리석다!)

(4) 기쁨을 표시

고대한어에 자주 쓰이는 것으로는: 嘻, 咄 등이 있다.

a) 齊王曰: "嘻! 善! 子來."(≪史記·田敬仲完世家≫)

제나라 왕이 말했다. "아! 좋도다! 당신은 오시오." / 子: 蘇代를 가리킨다.

b) 朔笑之曰: "咄! 口無毛, 聲謷謷."(≪漢書·東方朔傳≫)

동방삭이 그를 비웃으며 말하기를: "하하! 입에 털이 없으니 소리가 오오하고 나는구나."

현대한어에 자주 쓰이는 것으로는: 哈哈, 嘿嘿 등이 있다.

a) 哈哈! 那太好了.(하하! 그럼 아주 좋죠.)

b) 嘿嘿! 真是乐死人.(헤헤, 정말 재밌어 죽겠다.)

(5) 놀람을 표시

고대한어에 자주 쓰이는 것으로는: 惡, 噁, 吁, 嘻 등이 있다.

　a) 惡! 賜, 是何言也!(≪荀子・法行≫)

아! 자공이여, 이 무슨 말인가! / 賜: 공자의 제자 子貢의 이름.

　b) 噁! 是非君人者之言也!(≪韓非子・難一≫)

아! 이것은 나라의 군주가 되어서 할 말이 아닙니다.

　c) 禹曰: "吁! 咸若時, 惟帝其難之."(≪尙書・皐陶謨≫)

우임금이 말하였다: "아! 완전히 이것들을 해내는 것은 요임금이
라도 어려움을 느낄 겁니다." / 咸: 모두, 다. 時: 是. 이것. 惟: 비록.

　d) 嘻! 亦太甚矣, 先生之言也!(≪戰國策・趙策≫)

아! 당신의 말은 또한 지나치십니다.

현대한어에 자주 쓰이는 것으로는: 呀, 啊啊哟, 啊呀 등이
있다.

a) 呀! 十二点钟了.(야아! 열두 시가 되었다.)

b) 啊! 原来是他来了!(아! 알고 보니 그가 왔다!)

c) 啊呀! 这样的婆婆!(아이구! 이런 시어머니!)

(6) 분노를 표시

고대한어에 자주 쓰이는 것으로는: 噫, 呼, 叱嗟 등이 있다.

a) 子曰:"噫! 斗筲之人, 何足算也?(≪論語 · 子路≫)

공자가 말했다: "아! 거둘 줄만 아는 사람들을 어찌 셈에 넣을 수
있겠는가?" / 斗筲: 모두 기물의 이름.

**b) 江芈怒曰: "呼! 役夫! 宜君王殺女而立職也."(≪左傳 · 文
公元年≫)**

강미가 분노하여 말하였다: "아! 천한 것이여! 군왕이 그대를 죽여
버리고 왕자 직을 세우는 것이 이상할 것 없구나." / 江芈: 楚나라 成
王의 여동생. 役夫: 商臣을 가리킨다.

c) 齊威王勃然怒曰: "叱嗟! 而母婢也!"(≪戰國策 · 趙策≫)

제나라 위왕이 노기충충하여 말하였다: "아! 네 모친은 노비이다!" /
而: 너. 周烈王을 가리킨다.

현대한어에 자주 쓰이는 것으로는: 呸, 哼, 啐 등이 있다.

a) 呸! 滚你的蛋.(퉤, 썩 꺼져라.)

b) 哼! 这种作风坏极了.(흥, 이런 짓은 아주 나쁘다.)

c) 啐! 谁愿听你瞎扯.(툇, 누가 함부로 지껄이는 걸 듣재?)

2. 응답사

응답사는 부름과 응답에 쓰인다. 부름과 응답의 두 종류로 나눌 수 있다.

(1) 부름을 표시

고대한어에 자주 쓰이는 것으로는: 嘻, 嗟, 吁 등이 있다.

a) 嘻! 速駕!(《左傳·定公八年》)

여봐라! 속히 말을 매거라!

b) 嗟! 來食!(《禮記·檀弓》)

여봐라! 와서 먹거라!

c) 吁! 子前來!(≪韓愈〈進學解〉≫)

여봐라! 그대는 이리 오거라!

현대한어에 자주 쓰이는 것으로는: 喂, 嗨 등이 있다.

a) 喂! 你找谁?(여봐요! 누굴 찾으세요?)

b) 嗨! 你在干什么?(이봐! 넌 무얼 하고 있니?)

(2) 응답을 표시

고대한어에 자주 쓰이는 것으로는: 唯, 諾 등이 있다.

a) 子曰: "參乎! 吾道一以貫之." 曾子曰: "唯".(≪論語 · 里仁≫)

공자가 말하였다. "증삼아, 나의 학문은 하나의 기본사상으로 관철되어 있다." 증자가 말하였다. "그렇습니다."

b) 太后曰: "諾, 恣君之所使."(≪戰國策 · 趙策≫)

태후가 말하였다: "그렇다. 그의 사자에게 마음대로 하거라." / 恣: 마음대로 하다.

현대한어에 자주 쓰이는 것으로는: 嗯

你现在就走吗?-嗯.(넌 지금 가니?-응.)

제3장 품사의 결합

품사의 결합은 또한 "구(句)"라고 부를 수가 있다. 그것은 두 개 또는 두 개 이상의 품사가 일정한 어법규칙에 따라 조성되는 언어단위이다. 품사결합은 품사와 같이 문장의 각종 성분에 충당될 수 있다. 조성방식의 다름에 따라 고금한어의 품사결합은 주술결합, 술빈결합, 편정결합, 연합결합, 겸어결합, 연동결합, 개빈결합, 수량결합, 동위결합 등으로 나눌 수가 있다. 표로 표시하면 다음과 같다.

품사결합	고대한어	현대한어
주술결합	子産不仁 자산은 인하지 않다	品质优秀 품질이 우수하다
술빈결합	取漢中 한중땅을 취하다	保护文物 문물을 보호하다
편정결합	昆山之玉, 將戰, 美甚 곤산의 옥, 장차 전투하려하다, 아주 아름답다	伟大的祖国, 很好, 好得很 위대한 조국, 아주 좋다, 아주 좋다.
연합결합	吾與汝 나와 그대	你和他 너와 그
겸어결합	使子路問津 자로를 시켜 나루터를 묻게 하다	使海水变淡 바닷물을 담수로 만들다.
연동결합	引河水灌民田 강물을 끌어다 농민의 밭에 물을 대다	上街买菜 거리에 나가 장을 보다
개빈결합	于是日 이날에	在今天 오 늘
수량결합	二 枚 두 매	两 张 두 장
동위결합	左師觸龍 좌사인 촉룡	首都北京 수도 베이징

이상의 이런 품사결합들은 이해하기 쉬우므로 여기서는 생략하고 논하지 않겠다. 다음에는 단지 고대한어의 특수한 네 종류의 품사결합을 소개한다. 이 네 종류의 특수한 품사결합은 현대한어에서는 이제 쓰이지 않거나 아주 적게 쓰인다.

제1절 합음자

합음자는 두 개의 품사의 뜻과 작용을 겸하고 있는 것으로 고금한어에 모두 합음자가 있다.

그러나 그 특징은 같지 않다. 현대한어의 합음자는 두 개의 글자가 한 개의 글자로 합쳐진 것으로 예를 들면: "甭"이 "不"와 "用"로 이루어진 것, "孬"가 "不"과 "好"가 합쳐 이루어진 것이 그것이다. 그러나 고대한어의 합음자는 한 글자가 두 개의 형상을 함유한다. 예를 들면: "诸"는 "之于" 두 글자를 포함한다. 이전의 어법서들에는 이런 합음자를 겸사(兼词)라고 칭하였다. 합음자가 기왕 두 개의 품사의 뜻과 작용을 겸한다면 특수한 품사결합으로 보는 것도 무방할 것이다.

1. 諸

"諸"는 두 종류의 합음이 있다.

(1) "之于"의 합음.

문장 중에 쓰이며 "之"는 대명사이고 "于"는 개사이다.

a) 投諸渤海之尾.(≪列子·湯問≫)

흙을 발해가에 던졌다. / "之"는 "흙"을 가리키고 "于"는 "到"에 해당된다.

b) 穆公訪諸蹇叔.(≪左傳·僖公三十二年≫)

진나라 목공은 건숙에게 이 문제를 자문했다. / "之"는 "秦나라가 鄭나라를 치는 일"을 가리키고 "于"는 "向"에 해당된다.

(2) "之乎"의 합음.

문장 끝에 쓰이며 "之"는 대명사이고 "乎"는 어기조사이다.

a) 文王之囿方七十里, 有諸?(≪孟子 · 梁惠王下≫)

주나라 문왕의 동산이 사방 칠십 리라는데 이러한 일이 있습니까? / "之"는 "동산이 칠십 리"라는 것을 가리키고 "乎"는 "嗎"에 해당된다.

b) 雖有粟, 吾得而食諸?(≪論語 · 顏淵≫)

비록 곡식이 있다 해도 내가 능히 그것을 먹을 수 있겠습니까? / "之"는 "곡식"을 가리키고 "乎"는 "嗎"에 해당된다.

2. 盍, 曷

이 두 글자는 모두 "何不"의 합음이다. "何"는 의문대사이고 "不"은 부정부사이다. 반어문에 쓰여 반문의 어기를 표시한다.

a) 顏淵, 季路侍. 子曰: "盍各言爾志?"(≪論語 · 公冶長≫)

안연, 자로가 공자를 모시고 있었다. 공자가 말하였다. "어찌 아니 각자의 뜻을 말하지 않는가?"

b) 是日曷喪? 予及汝偕亡.(≪書 · 湯誓≫)

이 태양은 어찌 아니 없어지지 않는가? 나는 너와 함께 도망가리라.

3. 叵

"叵"는 "不可"의 합음자이다. "不"은 부정부사이고 "可"는 조동사이다. 성어 "居心叵測(마음이 음흉하여 본심을 헤아리기 어렵다.)"의 "叵"는 곧 "不可"의 뜻이다.

a) 布目備曰: "大耳兒最叵信."(≪後漢書·呂布傳≫)

여포가 유비를 바라보며 말하였다. "귀가 큰 사람은 가장 믿을 수가 없다."

b) 雖叵復見遠流, 其詳可得略說也.(許慎≪說文解字·叙≫)

비록 옛 문자의 흐름을 다시 볼 수는 없지만 조자(造字)의 자세한 정황은 그래도 대략 설명할 수가 있다.

4. 焉

"焉"은 "于鮮"의 합음자이다. 楊樹達의 ≪詞詮≫에: "鮮, 此也."라 하였다. "于"는 개사이고 "鮮"은 대명사이다. "于鮮"은, 즉 "于此"이

다. 개사 "于"가 여러 종류의 어법기능이 있기 때문에 "焉"도 다양
한 어법 기능을 나타낸다.

a) 積土成山, 風雨興焉.(≪荀子 · 勸學≫)

흙을 쌓으면 산을 이루어 비바람이 여기에서 생겨난다. / 이 "焉"은
지점을 나타내며 "在此"의 뜻이 된다.

b) 聖人非所與熙也, 寡人反取病焉.(≪晏子春秋 · 內篇≫)

성인이란 더불어 장난칠 수 있는 사람이 아니다, 과인은 도리어 이
로부터 치욕을 자초했다. / 여기의 "焉"은 원인을 나타내며 "由此"에
해당된다.

c) 公傷股, 門官殲焉.(≪左傳 · 僖公二十二年≫)

宋나라 襄公은 대퇴부를 다쳤고 문관도 초나라 사람에 의해 찔러
죽임을 당했다. / 이 "焉"은 주동자를 나타내며 "被此"에 해당된다.

d) 王曰: "若是其甚與?"曰; "殆有甚焉."(≪孟子 · 梁惠王上≫)

양혜왕이 말하기를: "이렇게 엄중합니까?" 맹자가 말하였다. "아마
도 이보다 더 심할 겁니다." / 이 "焉"은 대상을 나타내며 "比此"에
해당된다. 有: 又, 또.

5. 旃

"旃"은 "之焉"의 합음자이다. "之"는 대명사이고 "焉"은 어기조사
이다.

a) 人之爲言, 苟亦無信. 舍旃舍旃, 苟亦無然.(≪詩經·唐風·
采苓≫)

소인들이 하는 거짓말은 진실로 믿어서는 안 됩니다. 버리십시오,
버리십시오. 절대로 그것이 옳다고 여기지 마시오. / 爲言: 僞言. "之"
는 "爲言"을 가리킨다.

b) 虞叔有玉, 虞公求旃, 弗獻.(≪左傳·桓公十年≫.)

우숙에게 옥덩이가 있는데 우공이 그것을 구하였으나 우숙은 주지
않았다. / "之"는 "玉"을 가리킨다.

6. 耳

"耳"는 "而已"의 합음자이다. "罷了"에 해당된다.

a) 直不百步耳.(≪孟子・梁惠王≫)

단지 백보에 이르지 않았을 따름입니다.

b) 口耳之間, 則四寸耳.(≪荀子・勸學≫)

입과 귀 사이는 단지 네 마디 길이밖에 안 됩니다.

7. 爾

"爾"는 "如此"의 합음자이다. "如"는 동사이고 "此"는 대명사이다.

a) 君爾妾亦然.(〈焦仲卿妻〉)

당신이 이러하니 저도 이와 같습니다.

b) 問君何能爾?(陶潛〈飲酒〉)

그대에게 묻노니 어찌 이와 같을 수 있는가?

어떤 서로 다른 성질의 품사들은 늘 연용되거나 또는 상호배합됨으로 하여 오래되면 일정한 고정결구를 형성하게 된다.

1. 如何, 若何, 奈何

이 고정결구들은 동사 "如", "若", "奈"와 의문대명사 "何"를 조합하여 이루어진 것이다. "奈何"를 "何奈"로 할 수 없는 것 외에는 "如何", "若何"는 모두 "何如", "何若"으로 말할 수 있다. 그 작용은 두 가지가 있다.

(1) 방법을 묻는 것으로 술어로 충당되고 "怎么样", "怎么办"에 해당된다.

    a) 與不穀同好, 如何?(≪左傳·僖公四年≫)

나와 함께 잘 지내는 것이 어떠한가?

b) 吾無以酬之, 若何?(≪左傳·昭公二十七年≫)

나는 그에게 보답할 수 없는데 어찌합니까?

c) 事將奈何矣?(≪戰國策·趙策≫)

일을 장차 어찌합니까?

(2) 원인을 묻고 부사어로 충당되며 “怎么”, “为什么”에 해당된다

a) 傷未及死, 如何勿重?(≪左傳·僖公二十二年≫)

상처가 아직 죽음에 이르지 않았는데 왜 다시 사살하지 않습니까?

b) 民不畏死, 奈何以死懼之?(≪老子≫第七十四章≫)

백성들이 죽음을 두려워하지 않는데 어찌 죽음으로써 그들을 겁줄 수가 있겠습니까?

2. 如……何, 若……何, 奈……何

이 고정결구들은 “如何”, “若何”, “奈何”의 확대형식으로 곧 “如”, “若”, “奈”와 “何” 사이에 대명사, 명사 또는 품사결합을 끼워 넣는

다. 그 작용은 두 가지가 있다.

(1) 방법을 묻는 것으로 술어로 충당되며 "把……怎么办",
"拿……怎么处理"에 해당된다.

a) 國不堪貳, 君將若之何?(≪左傳・隱公元年≫)

나라가 두 곳에 귀속되는 정황을 견디지 못하니 당신은 이와 같
은 정황을 어찌할 것입니까? / 대명사 "之"를 끼워 넣었다. 之: 국가
가 두 곳에 귀속되는 정황.

b) 一薛居州, 獨如宋王何?(≪孟子・滕文公≫)

한 사람의 현인 설거주가 송나라 왕을 어찌 하겠습니까? / 명사 "宋
王"을 끼워 넣었다.

c) 以君之力, 曾不能損魁父之丘, 如太形, 王屋何?(≪列子・
湯問≫)

그대의 힘으로는 괴보의 작은 언덕도 무너뜨릴 수 없거늘 태형, 왕
옥 같은 큰 산을 어찌하겠습니까? / "太形, 王屋"이란 품사결합을 끼워
넣었다.

(2) 반문을 표시하고 부사어로 충당되며 "怎么"에 해당된다.

a) 君子于役, 如之何勿思?(≪詩經·王風·君子于役≫)

군자가 밖에 부역 나갔는데 어찌 그리워하지 않겠는가?

b) 是吾師也, 若之何毀之?(≪左傳·襄公三十年≫.)

이는 우리의 스승이니 어찌 그것을 훼손할 수 있겠는가? / 是: 백성의 여론을 가리킨다. 之: 향교를 가리킨다.

3. 有以, 無以

이 고정결구들은 동사 "有", "無"와 연사 "以"가 조합하여 이루어졌다. "有", "無" 뒤의 빈어는 분명히 밝히지는 않지만 그러나 말의 분위기에 따라 보충해낸다. 연사 "以"는 "有", "無"와 "以" 뒤의 동사를 연결한다. 그것은 "有(無)＋명시하지 않은 빈어＋以＋동사"와 같은 공식을 구성한다.

a) 信喜, 謂漂母曰: "吾必有以重報母."(≪史記·淮陰侯列傳≫)

한신은 기뻐하며 빨래하는 아낙네에게 말했다: "내 반드시 아줌마에게 예물로써 후하게 보답하리라."

b) **聖人有以見天下之賾.**(≪周易·系辭上≫)

성인은 예민한 안목으로 천하의 정미함을 보아낸다. / 賾: 심오함,
현묘함.

c) **河曲智叟亡以應.**(≪列子·湯問≫)

하곡지수는 대답하지 않았다. / 亡: "無"와 같다.

d) **不積小流, 無以成江海.**(≪荀子·勸學≫)

가는 물줄기를 이루지 않으면 강과 바다를 이룰 길이 없다.

이런 고정결구의 "以"는 때로 개사로 쓰이고 빈어를 대동하는데
그러나 이런 정황은 아주 적다. ≪孟子·公孫丑≫의 "齊人無以仁義
與王言者"는 "제나라 사람은 인의로써 왕에게 진언한 사람이 없었
다"이다.

4. 有所, 無所

이 고정결합은 동사 "有", "無"와 특수결구조사조합으로 이루어진
다. "所" 뒤에는 동사가 대동되며 명사성 품사결합을 조성하고 "有",

"武"의 빈어가 된다.

a) 物類之起, 必有所始.(≪荀子・勸學≫.)

사물의 흥기는 반드시 시작하는 원인이 있다.

b) 君亦無所害.(≪左傳・僖公三十年≫)

그대에게 또한 해되는 바가 없습니다.

5. 何 所

이 고정결구는 의문대명사와 특수결구조사조합으로 이루어진다.
"所" 뒤에는 동사가 대동되며 명사성 품사결합을 이루고 주어가
되며 "何"는 전치술어가 된다.

a) 問女何所思?(〈木蘭詩〉)

그대에게 묻노니: 무엇을 생각하나?

b) 賣炭得錢何所營?(白居易〈賣炭翁〉)

숯을 팔아서 얻은 돈으로 사는 것은 무엇인가?

6. 所 以

　이 고정결구는 특수결구조사 "所"와 개사 "以"의 조합으로 이루어진다. 그것은 현대한어의 연사 "所以"와 다르다. "所"는 가리키는 작용을 겸하고 "그것" 또는 "무엇"에 해당된다. 개사 "以"에 여러 종류의 어법의미가 있으므로 "所以"의 의미도 다양하다. 어떤 것은 수단, 방식을 표시하고 어떤 것은 공구, 원인 등을 표시한다.

a) 夫仁, 義, 辯, 智, 非所以持國也.(≪韓非子・五蠹≫)

　인, 의, 변, 지는 국토를 보위할 수 있는 방법이 아닙니다. "所以"는 "인, 의, 변, 지를 사용하는 것"으로 수단을 표시한다. / 辯(변): 논리가 뚜렷한 것.

b) 吾知所以鉅子矣, 吾不言.(≪墨子・公輸≫)

　나는 당신을 어떻게 막아낼지를 알고 있으나 말하지 않겠다. / "所以"는 "무슨 방법을 쓰는 것"이고 방식을 나타낸다.

c) 彼兵者, 所以禁暴除害也.(≪荀子・議兵≫.)

　저 무기들이란 포악함을 금지시키고 재해를 제거하는 것입니다. / "所以"는 "무기를 쓰는 것"이고 공구를 가리킨다.

d) 此吾所以悲也.(≪韓非子・和氏≫)

이것이 제가 슬퍼하는 이유입니다. / "所以"는 "초나라 무왕이 옥을 돌이라 보고 곧은 선비를 사기꾼이라 보는 것"으로 원인을 나타낸다.

이 밖에도 "所爲", "所從", "所與" 등의 고정결구는 "所以"와 같으며 혹은 원인을 표시하고 혹은 장소를 표시하고 혹은 대상을 표시한다.

a) 所爲見將軍者, 欲以助趙也.(≪戰國策・趙策≫)

내가 장군을 뵈려 하는 것은 당신께 조나라를 구해달라고 청원하기 위함입니다. / "所爲"는 원인을 표시한다.

b) 是吾劍之所從墜.(≪呂氏春秋・察今≫)

이것은 나의 검이 여기로부터 물속으로 떨어진 곳입니다. / "所從"은 장소를 표시한다.

c) 其妻問所與飮食者, 則盡富貴也.(≪孟子・離婁≫)

그의 처가 누구와 같이 먹었는지를 물으면 모두가 부귀한 사람들이었다. / "所與"는 대상을 표시한다.

7. 何 以

이 고정결구는 의문대명사 "何"와 개사 "以"가 조합하여 이루어지고 자주 부사어가 되며 "무엇으로써", "무엇에 의해", "어째서"에 해당된다.

    a) 子歸, 何以報我?(≪左傳·成公三年≫)

그대가 귀국하면 무엇으로써 나에게 보답할 것인가?

    b) 何以戰?(≪左傳·莊公十年≫)

무엇에 의지하여 전투하겠는가?

    c) 是助其王育其民也, 何以至今不業也?(≪戰國策·齊策≫)

이것은 국왕이 백성을 양육하는 것을 돕는 것인데 어째서 지금까지 그로 하여금 공업을 세우게 하지 않습니까?

8. 何 其

　　"何其"는 대명사성 또는 부사성 고정결구로 자주 부사어가 된다.
대명사성고정결합은 원인을 묻는 것을 나타내고 "어째서 그렇게"에
해당되며: 부사성고정결구는 감탄의 어기를 덧보태는 것으로 나타내
며 "얼마나"에 해당된다.

　　a) 何其速也?(≪韓非子·難三≫)

어째서 그렇게 빠른가?

　　b) 何其雜也?(≪荀子·法行≫)

어째서 그렇게 복잡한가?

　　c) 何其無大體也!(≪史記·魏其武安侯列傳≫)

얼마나 대국(중요한 이치)을 모르는 것인가!

　　d) 何其亂也!(≪史記·魯周公世家≫)

얼마나 혼란한가!

특수결구조사 "者"는 독립적으로 운용될 수 없고 반드시 기타 품사어와 "者"자 결구를 이루어야 가리키는 작용을 할 수가 있다. "者"는 형용사, 동사, 수사 또는 품사조합 뒤에 붙어서 "……한 사람", "……한 일" 또는 "몇 종류의 사람", "몇 가지 일"을 나타내고 주로 주어 또는 빈어가 된다.

1. "者"가 형용사 뒤에 붙을 경우

a) 老者安之.(≪論語 · 公冶長≫)

노인들에 대하여는 그들을 안정되게 하였다. "老者"는 생략개사 "于"의 빈어이다.

b) 知者作法, 而愚者制焉.(≪商君書 · 更法≫)

지혜 있는 사람은 법도를 창제하고 우매한 사람은 법도의 제재를 받는다. / "知者", "愚者"는 주어이다.

c) 嶢嶢者易缺, 皎皎者易汚.(≪後漢書·黃琼傳≫.)

높은 사물은 쉬이 무너지고 결백한 것은 쉬이 오염된다.

"嶢嶢者", "皎皎者"는 주어로 쓰였다.

2. "者"가 동사 뒤에 붙을 경우

a) 逝者如斯夫.(≪論語·子罕≫)

가버린 사물은 마치 이 흐르는 물과 같다. / "逝者"는 주어로 쓰였다.

b) 卜者知其指意.(≪史記·陳涉世家≫)

점치는 자는 그들의 의도를 알았다. / "卜者"는 주어로 쓰였다.

3. "者"자가 수사 뒤에 붙을 경우

a) 此五者, 邦之蠹也.(≪韓非子·五蠹≫)

이 다섯 종류의 사람은 나라의 해충입니다. / "五者"는 주어로 쓰였다. 蠹: 좀벌레.

b) 魚我所欲也, 熊掌亦我所欲也. 二者不可得兼,
　舍魚而取熊掌者也.(≪孟子・告子≫)

물고기는 내가 좋아하는 것이고 곰발바닥 역시 내가 좋아하는 것입니다. 만약 두 가지를 다 가질 수 없다면 물고기를 버리고 곰발바닥을 취할 것입니다. / “二者”는 주어로 쓰였다.

c) 春耕, 夏耘, 秋收, 冬藏, 四者不失時, 故五穀不絶,
　而百姓有餘食也.(≪荀子・王制≫)

봄에는 밭 갈고 여름엔 김매고 가을엔 수확하고 겨울엔 저장하는 것, 이 네 종류의 농사가 시기를 놓치지 않아야 오곡이 끊이지 않고 백성들에게 많은 식량이 있게 되는 것입니다. / “四者”는 주어로 쓰였다.

4. “者”가 품사결합 뒤에 붙을 경우

a) 臣聞地廣者粟多, 國大者人衆.(李斯〈諫逐客書〉)

제가 듣기로 토지가 광활한 나라는 양식이 많고 나라가 큰 국가는 인구가 많다고 하였습니다. / “者”는 주술결합 “地廣”, “國大”의 뒤에 쓰였다.

b) 奪項王天下者, 必沛公.(≪史記·項羽本紀≫)

항우의 천하를 탈취할 사람은 분명 유방일 것입니다. / "者"는 술빈결합 "奪項王天下"의 뒤에 쓰였다.

"者"자 결구 앞에는 선행사가 있는데 선행사는 일반적으로 총체를 나타내는 명사이고 "者"자 결구는 총체의 일부분을 표시한다. 선행사는 정어가 되고 "者"자 결구는 중심어가 된다. 예를 들면 ≪列子·湯問≫에: "子孫荷擔者"는 곧 "자손 중에 짐을 멜 수 있는 사람"이고 한유의 <雜說>에: "馬之千里者"는 "말 중에 천리마는"이 된다.

"者"자 결구는 현대한어의: "的"자 결구와 조금 같지만 크게 다르다. 그 다른 점은 두 가지가 있다.

하나는 품사성이 꼭 같지 않다는 것이다. "者"는 특수조사이다(지시작용을 겸한다). "者"는 일단 기타 품사어와 결합하면 그것이 가리키는 대상을 나타내는데 예를 들면 "往者"의 "者"는 "이왕의 일"을 가리킨다. 그러나 "的"은 단지 일반조사로서 무엇을 지시하는 작용이 없다.

두 번째는 기능이 완전히 같지 않다는 것이다. "者"자 결구 뒤에는 중심어를 보충할 수 없지만 일반적인 "的"자 결구는 일정한 언어환경 속에서 그 뒤에 중심어를 보충할 수 있으니 예를 들면 "來的(人)便是小王. / (온 (사람은) 바로 샤오왕이었다.)가 그것이다. 그 밖에 직업, 신분과 일상생활용품을 나타내는 "的"자 결구들은 하나의 명사에 상당되며 자유로이 운용될 수 있다. 예를 들면 "教書的",

“賣菜的”, “吃的”, “穿的” 등이 그것이다. 이 “的”자 결구들 뒤에는 중심어 “人” 또는 “東西”를 보충할 수 있는데 그러나 꼭 필요한 것은 아니다. 이 또한 “者”자 결구와 같지 않은 점이다.

a) 我离开他, 并不是因为他是卖菜的.(내가 그를 떠나는 것은 결코 그가 야채장수라서가 아니다.)

b) 我穿的是我爸爸的.(내가 입고 있는 것은 우리 아버지 것이다.)

제4절 “所”자 결구

특수결구조사 “所”도 독립적으로 운용될 수 없고 반드시 기타 품사어와 “所”자 결구를 이루어야 비로소 지시작용을 할 수 있다. “所”는 동사, 형용사 또는 품사결합 앞에 붙어 “所”자 결구를 구성하여 관련되는 사람 또는 사물을 표시하고 문장 중에서 주어, 빈어, 정어 또는 정어중심어가 된다.

1. "所"가 동사 앞에 놓일 때

a) 所亡滋多.(≪左傳·僖公二十五年≫)

손실된 것이 더욱 많았다. / 亡: 손실되다. "所亡"은 주어로 쓰였다.

b) 奪其所憎而與其所愛.(≪戰國策·趙策≫)

그가 증오하는 사람을 교체하고 그가 좋아하는 사람을 주었다. / "所憎", "所愛"는 빈어로 쓰였다.

c) 仲子所居之室.(≪孟子·滕文公≫)

중자가 거주하는 방. / "所居"는 정어로 쓰였다.

d) 君之所知也.(≪左傳·僖公三十年≫)

이것은 당신이 아시는 바의 일입니다. / "所知"는 정어 "君"의 중심어이다.

2. "所"가 형용사 앞에 놓일 경우

a) 毛嬙, 麗姬, 人之所美也.(≪莊子 · 齊物論≫)

모장, 여희는 사람들이 찬미하는 미녀이다. / "所美"는 술어로 쓰였다.

b) 以所多易所鮮.(≪史記 · 貨殖列傳≫)

넘치는 물건으로 희소한 물건을 사들였다. / "所多"는 개사 "以"의 빈어이고 "所鮮"은 술어 "易"의 빈어이다.

c) 衣食所安, 弗敢專也.(≪左傳 · 莊公十年≫)

옷과 음식은 몸을 편안케 하는 것으로 저는 혼자만 누릴 수 없습니다. / "所安"은 술어로 쓰였다.

3. "所"가 품사결합 앞에 놓일 경우

a) 王之所大欲可得聞與?(≪孟子 · 梁惠王≫)

왕이 얻고자 하는 큰 것을 제가 들을 수 있겠습니까? / "所大欲"은 주어로 쓰였다.

b) **殺所不足而爭所有餘, 不可謂智.(≪墨子·公輸≫)**

자기 나라에 부족한 백성들을 죽여 가며 자기 나라에 넘치는 토지를 쟁탈하려는 것은 총명하다고 할 수 없습니다. / "所不足", "所有餘"는 빈어로 쓰였다.

c) **大國之王幼弱未壯， 漢之所置傅相方握其事.(≪漢書·賈誼傳≫)**

각 대국들의 왕은 어리고 약하여 아직 장대하지 못했는데 한나라에서 파견한 보좌재상이 마침 정권을 장악하고 있었다. / "所置傅相"은 주어로 쓰였다. 置: 파견하다.

고대한어에는 이 밖에도 일종의 "所……者"결구가 있다. "所"는 지시작용을 하고, "者"는 대체작용을 한다. 예를 들면 ≪戰國策·齊策≫에서: "視吾家所寡有者", 즉 "우리 집에 드문 물건을 보시라"가 그것이다. "所"는 "드문 물건"을 지시하고 "者"는 "드문 물건"을 대체한다.

현대한어에도 "所"자 결구가 있다. 예를 들면: "所见", "所闻", "所关心的事情" 등이 그것인데 그러나 고대한어에서처럼 광범하게 쓰이지는 않는다.

a) 我所见的最重要的事(내가 본 가장 중요한 일)

b) 这就是他所关心的事情.(이것이 바로 그가 관심 갖는 일이다.)

제4장 단 문

단문은 품사결합보다 크고 복문보다 작은 언어단위이다. 서로 다른 표준에 따라 단문은 각종의 다른 문형으로 분류할 수가 있다.

문장성분상황에 따르면 주술문과 비주술문으로 나눌 수 있다. 주술문은, 즉 주어, 술어를 겸비한 문장이다. 예를 들면: "公弗許", "他不去" 등이 그것이다. 비주술문은, 즉 주술결합 이외의 품사 또는 품사결합이 구성하는 문장이다. 예를 들면: "今日不雨", "壯士!", "打雷了", "火車!" 등이 그것이다.

술어의 성질에 따르면 서술문, 묘사문 그리고 판단문으로 나눌 수가 있다. 서술문은, 즉 동사가 술어로 충당되는 문장이다. 예를 들면: "齊師伐我", "小王打球" 등이 그것이다. 묘사문은 형용사가 술어에 충당되는 문장이다. 예를 들면: "其葉蓁蓁", "河水淸澈." 등이 그것이다. 판단문은, 즉 명사가 술어로 충당되는 문장이다. 예를 들면: "此古戰場也.", "今日晴天."이 그것이다.

나타내는 어기에 따라서는 진술문, 의문문, 기원문 그리고 감탄문으로 나눌 수 있다. 진술문은, 즉 어떤 사정을 서술하는 문장이다. 예를 들면: "吾將仕矣", "我將去北京."이 그것이다. 의문문은, 즉 문제를 제기하는 문장이다. 예를 들면: "此誰也?", "他是誰?"가 그것이다. 기원문은, 즉 다른 사람에 대해 청구, 권고, 명령을 제기하는 문장이다. 예를 들면: "子前來!", "你快去!"가 그것이다. 감탄문은, 즉 강렬한 감정을 표출하는 문장이다. 예를 들면: "此樂何極!", "多么幸福啊!"가 그것이다.

이상의 이러한 문장들에 대해 여기에서는 일일이 논술하지 않고 아래에 단지 몇 종류의 고금한어에 차이가 큰 구식을 소개해 본다.

판단문은 주어가 어떠하다 또는 주어가 어떠하지 않다고 판정하는 문장이다. 술어는 명사 또는 명사성 품사결합으로 충당된다.

고대한어의 판단문은 조기에는 계사 "是"를 쓰지 않았다. 계사 "是"는 대략 동한(東漢) 이후에 점차 쓰이게 되었다. 예를 들면 陶潛의 ≪桃花源記≫에서: "問今是何世"는 "지금이 어느 세상이냐고 물으니"의 뜻이다. 이 밖에도 고대한어의 판단문은 다음과 같은 일곱 종류의 형식이 있다.

1. "者", "也"를 쓴 것

"者", "也"는 어기조사이다. "者"는 제기를 표시하고 "也"는 판단의 어기를 표시한다. 또는 "者", "也"가 함께 쓰이거나 "者"만 쓰거나, "也"만 쓰기도 한다.

a) 南冥者, 天池也.(≪莊子 · 逍遙游≫)
남쪽 바다는 천연으로 형성된 못이다.

b) 陳勝者, 陽城人也.(≪史記·陳涉世家≫)

진승은 양성사람이다.

c) 天下者, 高祖天下.(≪史記·魏其武安侯列傳≫)

천하는 유방의 천하이다.

d) 虎者, 戾蟲.(≪戰國策·秦策≫)

호랑이는 흉맹한 동물이다.

e) 制, 巖邑也.(≪左傳·隱公元年≫)

제는 험난한 읍이다.

f) 梁, 吾仇也.(歐陽修〈伶官傳序〉)

양나라는 나의 원수이다.

2. 명사 또는 명사성 품사결합을 쓴 것

a) 皇父卿士(≪詩經·小雅·十月之交≫)

황보는 국정을 장관하는 관리이다.

b) 荀卿, 趙人.(≪史記 · 荀孟列傳≫)

순경은 조나라사람이다.

c) 此人力士.(≪史記 · 魏公子列傳≫)

이 사람은 힘이 센 사람이다.

d) 劉備, 天下梟雄.(≪資治通鑑 · 漢紀≫)

유비는 천하의 영웅호걸이다. / 梟(효): 웅건하다.

3. 동사 "爲"를 쓴 것.

a) 夫執輿者爲誰?(≪論語 · 微子≫)

저 수레에서 고삐를 쥐고 있는 사람은 누구인가? / 輿: 수레.

b) 孰爲夫子?(≪論語 · 微子≫)

누가 선생님이십니까?

c) 知之爲知之, 不知爲不知, 是知也.(≪論語 · 爲政≫)

아는 것을 안다고 하고 모르는 것을 모른다고 하는 것 이것이 바로 총명하고 지혜로운 것이다.

4. 부사 "卽", "乃", "則", "亦", "果" 등을 쓴 것

a) **梁父卽楚將項燕.**(≪史記·項羽本紀≫)

양보는 바로 초나라의 장수 항연이다.

b) **吾乃梁人也.**(≪戰國策·趙策≫)

나는 바로 양나라 사람이다.

c) **此則岳陽樓之大觀也.**(范仲淹〈岳陽樓記〉)

이것이 곧 악양루의 장려한 모습이다.

d) **孫臏亦孫武之後世子孫也.**(≪史記·孫子吳起列傳≫)

손빈도 역시 손무의 후대 자손이다.

e) **得而與之語, 果聖人.**(≪史記·殷本紀≫)

(武丁이 傳說)을 찾고서 또한 그와 이야기하니 과연 성인이었다.

5. 조사 "維", "惟"를 쓴 경우

a) 其釣維何? 維絲伊緡. (≪詩經·召南·何彼襛矣≫)

그 낚싯줄은 무엇인가? 실이 합쳐진 줄이지.

b) 明德惟馨. (≪左傳·僖公五年≫.)

밝은 덕행이 비로소 향기로운 것이라네.

6. 지시대명사 "此", "是"를 쓴 것

이러한 구식은 또한 문장말미에 어기조사 "也"를 쓴다.

a) 此誰也? (≪戰國策·齊策≫)

이는 누구인가? "此"는 주어로 쓰였다.

b) 今子食我, 是逆天帝之命也. (≪戰國策·楚策≫)

(여우가 호랑이에게 말하기를) 이제 네가 나를 잡아먹으면 이것은 천제의 명을 거스르는 것이다. / "是"는 주어로 쓰였고 "네가 나를 잡

아먹는 것"을 가리킨다.

c) 吾不能早用子, 今急而求子, 是寡人之過也.(≪左傳·僖公
三十年≫)

내가 일찌감치 그대를 쓰지 못하고 이제 국가가 위급하여져 그대
를 청하니 이것은 과인의 잘못이다. / "是"는 주어로 쓰였다. "是"는
"내가 일찍 그대를 쓰지 않고 이제 급하여서 찾는 것"을 가리킨다.

d) 滔滔者, 天下皆是也.(≪論語·微子≫)

홍수가 가득하니 천하가 다 이러합니다. / "是"는 술어로 쓰였다. 滔
滔者: 어지러운 사회를 비유한다. "是"는 "홍수가 가득한 것"을 가리
킨다.

e) 取之而燕民悅, 則取之. 古之人有行之者, 武王是也.
(≪孟子·梁惠王≫)

만일 그것을 병탄할 경우 연나라 사람들이 기뻐한다면 곧 취하십시
오. 옛날 사람 중에 그것을 행한 사람이 있으니 주나라 무왕이 그렇
습니다. / "是"는 술어로 쓰였다. "是"는 "그것을 취할 경우 연나라 사
람들이 기뻐한다면 취하십시오."를 가리킨다.

7. 부정부사 "非", "匪"를 쓴 것

이 두 개의 부사는 "不"에 해당되는데 그 자체는 "아니다"는 뜻을 포함하고 있지 않지만 "아니다"는 뜻으로 번역할 수가 있다.

a) 子非魚.(≪莊子・秋水≫)

그대는 물고기가 아니다.

b) 身非木石.(司馬遷〈報任安書〉)

몸은 나무나 돌이 아닙니다.

c) 我心匪石, 不可轉也.(≪詩經・邶風・柏舟≫)

내 마음 돌이 아니니 굴러갈 수가 없네.

어법차이 　현대한어의 판단문은 주로 두 종류의 표현형식이 있다. 하나는 계사 "是"를 써서 표시하는 것으로 예를 들면: "他是教師(그는 교사이다)"가 그것이다. 또는 계사 "是"의 앞에 부정부사 "不"를 덧보태어 부정적 판단을 표시한다. 예를 들면: "我们不是这儿的主人.(우리는 이곳의 주인이 아니다.)"이 그것이다. 두 번째는 직접 명사나 명사성 품사결합을 써서 표시하는 것으로 예를 들면 "今天星期二.(오늘은 화요일이다.)", "他武汉人.(그는 무한사람이다.)"이 그것이다. 이런 문장들은 명사술어 앞에 계사 "是"를 덧보탤 수 있는데 예를 들면: "他北京人.(그는 북경인이다.)"는 "他是北京人."라고 말할 수 있으며 "一年十二个月.(1년은 12개월이다.)"는 "一年是十二个月."라고 말할 수가 있다. 그러므로 어떤 사람은 계사 "是"를 생략한 것이라고 말하기도 한다. 부정판단은 "不是"를 써야 한다.

제2절 피동문

피동문은 피동의 뜻을 표시하는 문장이다. 이런 문장의 주어는 동작행위의 시사자(施事者)가 아니라 동작행위의 수사자(受事者)이다. 고금한어피동문의 표현방식은 많이 다르다.

고대한어의 피동문은 다음과 같은 몇 가지 방식을 자주 쓴다.

1. "動 + 于 + 名"식

동사 뒤에 개사 "于"를 써서 주동자를 끌어들인다.

   a) 卻克傷于矢.(≪左傳·成公二年≫)

각극은 화살에 다쳤다.

   b) 兵敗于陳涉, 地奪于劉氏.(≪漢書·賈山傳≫)

(秦나라의) 군대는 진섭에게 패하였고 땅은 유방에게 탈취되었다.

   c) 通者常制人, 窮者常制于人.(≪荀子·榮辱≫)

통달한 사람은 자주 남을 지배하지만 길이 막힌 사람은 자주 남에게 지배를 받는다.

2. "爲 + 名(之) + 動"식

동사 앞에 개사 "爲"를 써서 주동자를 끌어들인다.

a) 身爲宋國笑.(≪韓非子・五蠹≫)

그 자신은 송나라사람들의 웃음거리가 되었다.

b) 吾屬今爲之虜矣.(≪史記・項羽本紀≫)

우리들은 장차 그에게 포로가 될 것이오. / 之: 劉邦(유방)을 가리킨
다. 今: "將"과 같다.

3. "見(爲)＋動"식

동사 앞에 조동사 "見", "爲"를 쓴다.

a) 盆成括見殺.(≪孟子・盡心下≫)
분성괄은 피살되었다.

b) 厚者爲戮, 薄者見疑.(≪韓非子・說難≫)
정절이 중한 자는 피살되었고 정절이 경미한 자는 의심을 받았다.

c) 父母宗族, 皆爲戮沒.(≪戰國策・燕策≫)
부모와 친족들은 모두 죽임을 당했다.

4. "見(爲)＋動＋于＋名"식

동사 앞에 조동사 "見", "爲"를 쓰고 또 동사 뒤에 개사 "于"를
써서 주동자를 끌어들인다.

a) 吾長見笑于大方之家.(≪莊子·秋水≫)

나는 오랫동안 학문이 넓은 사람들로부터 비웃음을 받았다.

b) 蔡澤見逐于趙.(≪戰國策·秦策≫)

채택은 조나라로부터 쫓겨남을 당하였다.

c) 胥之父兄爲戮于楚.(≪史記·吳世家≫)

오자서의 부친과 형은 초나라에 의해 죽임을 당하였다.

5. "爲＋名＋所＋動"식

개사 "爲"를 써서 주동자를 끌어들이고 또 뒤에 동사 앞에 조사
"所"를 쓴다.

a) 衛太子爲江充所敗.(≪漢書・霍光傳≫)

위나라 태자는 강충에게 패배당하였다.

b) 范雎爲須買所讒.(≪論衡・變動≫)

범저는 수고에게 참훼를 당하였다.

c) 高祖擊布時, 爲流矢所中.(≪史記・高祖本紀≫)

고조가 黥布를 공격할 때 날아오는 화살에 명중되었다.

6. “被 + 動”식

동사 앞에 개사 “被”를 쓰는데 그러나 주동자를 끌어들이지는 않
는다.

a) 國一日被攻, 雖欲事秦, 不可得也.(≪戰國策・齊策≫)

국가가 일단 격파되고 나면 그때에는 진나라를 섬기려고 해도 불
가능하게 됩니다.

b) 信而見疑, 忠而被謗, 能無怨乎?(≪史記·屈原列傳≫)

성실하면서도 의심을 받고 충성스러우면서도 비방을 받았으니 원망이 없을 수 있겠는가?

"被"자가 주동자를 끌어들이지 않기 때문에 가끔 동사 뒤에 개사 "于"를 써서 주동자를 끌어들이기도 한다. 예를 들면 ≪戰國策·齊策≫에서: "萬乘之國被圍于趙"이라 한 것은 "만 대의 수레가 있는 국가가 조나라에 의해 포위되는 것은"의 뜻이다.

이 밖에도 고대한어에는 또 일종의 특수한 피동문이 있으니, 즉 형태상으로는 주동문이되 의미상으로는 피동문인 것으로 비교적 이해하기가 어렵다.

a) 昔者龍逢斬, 比干剖.(≪莊子·胠篋≫)

옛날에 용봉은 참수를 당하였고 비간은 배를 갈리웠습니다.

b) 兵挫地削, 亡其六郡.(≪史記·屈原賈生列傳≫)

(초나라의) 군대는 패배당하였고 땅이 깎이었으며 여섯 개의 군읍을 잃었습니다.

c) 屈原放逐, 乃賦≪離騷≫.(司馬遷〈報任安書〉)

굴원이 쫓겨나자 이에 <이소>를 지었다.

　　현대한어의 피동문의 표현방식은 세 종류는 고대한어와 같고 네 종류는 고대한어와 다르다. 같은 세 종류방식은: (1)개사 "被"를 쓰는 것이다. "被"자는 대개 주동자를 끌어들인다. 예를 들면 "他被校长批评了一顿.(그는 교장에게 한바탕 교훈을 들었다.)"가 그것이다. (2)개사 "为"를 써서 주동자를 끌어들이고 또 동사 앞에 조사 "所"를 쓴다. 예를 들면 "他不为金钱所动.(그는 금전에 움직여지지 않는다.)"이 그것이다. (3)주동문의 형태를 써서 피동문의 내용을 표시한다. 예를 들면 "教室打扫干净了.(교실이 깨끗이 청소되었다.)"가 그것이다. 서로 같지 않은 네 종류의 표현방식은 다음과 같다: (1)개사 "叫", "让", "给"를 쓴다. 예를 들면: "≪红楼梦≫叫小王借走了.(≪홍루몽≫은 샤오왕이 빌려갔다.)", "这本书让他弄脏了.(이 책은 그가 더럽혔다.)", "小兰给他逗乐了.(샤오란이 그를 웃겼다.)"가 그것이다. (2)개사 "被"를 써서 주동자를 끌어들이고 또 동사 앞에 조사 "所"를 쓴다. 예를 들면: "他被这情景所感动.(그는 이 정경에 감동되었다.)"이 그것이다. (3)개사 "被"를 써서 주동자를 끌어들이고 또 동사 앞에 조사 "给"을 쓴다. 예를 들면 "小张的自行车被小王给骑走了.(샤오장의 자전거는 샤오왕이 타고 가버렸다.)"가 그것이다. (4)개사 "被"를 써서 주동자를 끌어들이고 또 동사 앞에 "把"자 결구를 쓴다. 개사 "把"의 빈어는 혹 주어를 중복하여 가리키거나 또는 주어에 속한다. 이런 문장은 단지 구어에만 출현한다. 예를 들면: "那个孩子被人把他打了一顿.(그 아이는 그에게 한 대 맞았다.)", "他被人把眼睛蒙住了.(그는 남에게 눈이 가리워졌다.)"가 그것이다.

제3절 겸어문

겸어문은 겸어품사결합이 술어가 되어 구성된다. 겸어문은 일반적으로 하나의 겸어(때로는 생략)가 있어야 하는데 그것은 앞 술어의 빈어이기도 하며 동시에 뒤의 술어의 주어이기도 한 것으로 술어의 수사자(受事者)와 시사자(施事者)의 두 가지 기능을 겸하고 있다. 예를 들면: "派小王去北京.(샤오왕을 베이징에 가도록 파견하다.)"의 "小王"은 겸어로서 그것은 앞 술어 "派"의 수사자이면서 또한 두의 술어 "去"의 시사자인 것이다.

고금한어의 겸어문은 대동소이하다. 술어의 함의가 다름에 따라 겸어문은 다음의 몇 종류로 나눌 수 있다.

1. 사역의 뜻을 가진 겸어문

이런 겸어문에서 첫 번째 술어는 사역의미가 있는 동사로 충당되며 두 번째 술어는 그 목적 또는 결과를 나타낸다.

고대한어에 자주 쓰이는 것으로는: 使, 命, 令, 遣, 俾 등이 있다.

a) 使子路問津焉.(≪論語·微子≫)

(공자는)자로를 시켜 나루터를 묻게 했다. / "子路"는 겸어이다. "使"의 목적은 바로 "問"이다.

b) 命夸娥氏二子負二山.(≪列子·湯問≫)

(천제는) 大力神 과아씨의 두 아들을 파견하여 두 산을 짊어지고 가게 했다. / "二子"는 겸어이다. "命"의 결과는 바로 "負"이다.

c) 吾令人望其氣.(≪史記·項羽本紀≫)

내 사람을 시켜 유방 머리 위의 구름기운을 살펴보게 하겠다. / "人"은 겸어이다. "令"의 목적은 비로 "望"이다.

d) 權卽遣肅行.(≪資治通鑒·赤壁之戰≫)

손권은 즉시 魯肅을 파견하여 가도록 하였다. / "肅"은 겸어이다. "遣"의 결과는 바로 "行"이다.

e) 俾(伯禽)侯于魯.(≪詩經·魯頌·閟宮≫)

(백금)을 시켜 노나라의 제후가 되게 하였다. / 겸어 "伯禽"을 생략하였다. "俾"의 결과는 바로 "侯(동사임)"이다.

현대한어에 자주 쓰이는 것으로는: 使, 让, 叫, 派, 请 등이 있다.

a) 虚心使人进步, 骄傲使人落后.(허심한 마음은 사람을 진보시키고 교만함은 사람을 낙후시킨다.): "人"은 겸어이다. "使"의 결과는 바로 "进步", "落后"이다.

b) 校长让我去谈谈情况.(교장이 나더러 가서 정황을 이야기 하도록 했다.): "我"는 겸어이다. "让"의 목적어는 "去谈谈."이다.

c) 你叫他马上来.(너는 그를 곧 오라고 해라): "他"는 겸어이다. "叫"의 목적어는 "来"이다.

d) 参谋长派杨子荣侦察敌情.(참모는 양자영을 파견하여 적군의 동정을 정찰하게 했다.): "杨子荣"은 겸어이다. "派"의 목적어는 "侦察"이다.

e) 我请你写一篇文章.(당신이 한편의 글을 쓰시기를 청합니다.): "你"는 겸어이다. "请"의 목적어는 "写"이다.

2. 호칭 의미를 갖는 겸어문

이런 겸어문에서 전후 두 개의 술어는 모두 호칭의 의미를 갖는 동사로 충당된다.

고대한어에서 이런 겸어문의 첫 번째 술어는 자주 동사 "謂", "號",

"名"을 쓰고 두 번째 술어는 자주 동사 "曰", "爲"를 쓴다.

a) 謂其臺曰靈臺.(≪孟子·梁惠王≫)

그 대를 이름하여 영대라 하였다. / "臺"는 겸어이다.

b) 楚人謂多爲夥.(≪史記·陳涉世家≫)

초나라 사람은 多를 夥라 부른다. / "多"는 겸어로 쓰였다.

c) 號之曰有巢氏.(≪韓非子·五蠹≫)

그를 불러 유소 씨라 하였다. / "그"는 겸어이다.

d) 名之曰褒禪.(王安石〈游褒禪山記〉)

그것을 불러 포선산이라 하였다.

e) 秦號(范雎)曰張祿.(≪史記·范雎列傳≫)

진나라는 (범저)를 불러 장록이라 하였다. / 겸어 "范雎"는 생략되었다.

f) 謂之(曰)京城大叔.(≪左傳·隱公元年≫)

그를 불러 경성대숙이라 하였다. / "之"는 겸어이다. 之: 共叔段을 가리킨다. 두 번째 술어 "曰"이 생략되었다.

  현대한어에서 이런 종류의 겸어문의 첫 번째 술어는 자주 "称", "叫", "起" 등을 쓰고 두 번째 술어는 자주 "为", "做", "是", "叫" 등을 쓴다.

a) 历史上称这一时期为战国.(역사상 이 시기를 전국시기라 부른다.): "时期"는 겸어이다.

b) 人们都叫他做老愚公.(사람들은 모두 그를 라오우꽁이라 부른다.): "他"는 겸어이다.

c) 我给他起了名字叫金锁.(나는 그에게 진쑤오라는 이름을 붙어주었다.): "名字"는 겸어이다.

d) 人们亲切地叫王进喜是铁人.(사람들은 친근하게 왕찐시를 철인이라고 부른다.): "王进喜"는 겸어이다.

e) 人们称她(是)铁姑娘.(사람들은 그녀를 철의 여인 이라고 부른다.): "她"는 겸어이다. 두 번째 술어 "是"는 생략되었다.

3. 수여, 추천의미를 갖는 겸어문

고대한어의 이런 겸어문은 첫 번째 술어가 동사 "拜", "封", "立", "擧"로 충당되고 두 번째 술어는 반드시 동사 "爲"여야 한다.

a) 拜相如爲上大夫.(≪史記·廉頗藺相如列傳≫)

사마상여를 상대부에 임명했다. / "相如"는 겸어이다.

b) 封張良爲留侯.(≪史記·留侯世家≫)

장량을 유후로 봉했다. / "張良"은 겸어이다.

c) 立張耳爲趙王.(≪史記·淮陰侯列傳≫)

장이를 조왕으로 세웠다.

d) 解狐擧邢伯柳爲上黨守.(≪韓非子·外儲說左≫)

해호는 형백류를 상당수로 천거하였다. / "邢伯柳"는 겸어이다.

> **어법차이** 현대한어에 이런 겸어문은 첫 번째 술어가 동사 "选", "选择"로 충당되고 두 번째 술어는 "为", "当", "作"이 된다.
>
> a) 选他当代表.(그를 대표로 선출했다.): "他"는 겸어이다.
> b) 选择名篇作教材.(명편을 골라 교재로 만들었다.): "名篇"은 겸어이다.

4. 첫 번째 술어가 "有(靡)"인 겸어문

"有(靡)"의 빈어(즉 겸어)는 존재하는 사람 또는 사물을 주로 표시하고 겸어의 술어는 겸어를 설명하거나 또는 서술묘사한다.

고대한어의 이런 겸어문은 네 종류로 세분할 수가 있다. 즉 "有……", "有……曰……", "有……者", "靡……" 등이 그것이다.

a) 有子存焉.(≪列子・湯問≫)

자식이 있습니다. / "子"는 겸어이다.

b) 魏有隱士曰侯嬴.(≪史記・魏公子列傳≫)

위나라에 후영이라 하는 은사가 있습니다. / "隱士"는 겸어이다.

c) 有蔣氏者, 專其利三世矣.(柳宗元〈捕蛇者説〉)

장 씨란 자가 이 유리함을 점유한 지 이미 삼대가 되었다. / "蔣氏"는 겸어이다. 者: 어기조사로 제시함을 나타낸다.

d) 鄭人有欲買履者, 先自度其足而置之其坐.(≪韓非子・外儲說左≫)

정나라 사람 중에 신발을 사려는 자가 먼저 스스로 발을 재고 신발견본을 자리 위에 놓았다. / "欲買履者"는 겸어이다. 者: 특수조사로 "的人"에 해당된다.

e) 靡哲不愚.(≪詩經·大雅·抑≫)

총명하지 못한 사람은 우둔함을 가장하지 않는다네. / "哲"은 겸어
이다.

현대한어에 이런 겸어문은 비교적 단일하여 단지 "有……", "没
有……" 두 종류가 있다.

a) 有人敲门.(누가 문을 두드린다.): "人"은 겸어이다.

b) 有阵凉风刮过来.(한바탕 시원한 바람이 불어왔다.): "凉风"은 겸
   어이다.

c) 没有谁知道这件事.(이 일을 아는 사람은 아무도 없다.): "谁"는
   겸어이다.

5. 애증, 호오 등 의미를 갖는 겸어문

이런 겸어문 중에서 첫 번째 술어는 심리활동을 표시하는 동사일
때가 많고 겸어의 술어는 주어가 모종의 심리활동을 갖는 원인을 표
시한다.

　　고대한어에 이런 종류의 겸어는 드물게 보이고 현대한어에는 이런 겸어문이 많이 보인다.

a)　小花嫌他不勤奋.(샤오화는 그가 부지런하지 않다고 싫어한다.): "他"는 겸어이다.

b)　我爱他朴实, 厚道.(나는 그가 소박하고 덕이 있어 좋아한다.): "他"는 겸어이다.

c)　他怪我想得不周到.(그는 내가 주도면밀하게 생각한다고 탓한다.): "我"는 겸어이다.

d)　班长表扬他积极参加文体活动.(반장은 그가 적극적으로 문장활동에 참여한다고 칭찬한다.): "他"는 겸어이다.

e)　领导上批评她不守纪律.(영도부는 그녀가 기율을 지키지 않는다고 비판하였다.): "她"는 겸어이다.

제4절 연동문

　　연동문은 연동품사결합으로 구성된다. 두 개 이상의 동사가 연합관계도 아니고 편정관계도 아닌 채 모종의 특수한 관계를 갖는다. 그 사이에는 어음의 멈춤도 없고 관련 품사어를 끼워 넣지도 않는다.

연용하는 동사 간의 관계의 다름에 따라 연동문은 다른 유형으로 나눌 수가 있다. 고금한어 연동문의 유형은 같은 점이 있고 다른 점이 있다.

1. 선후발생의 동작을 표시

고대한어에 이런 연동문은 비교적 많이 보인다.

  a) 四方來賀.(≪詩經・大雅・下武≫.)

사방의 제후들이 와서 경하하였다.

  b) 大叔出奔共.(≪左傳・隱公元年≫)

대숙이 나라를 떠나 공나라로 도망쳤다.

  c) 噲卽帶劍擁盾入軍門.(≪史記・項羽本紀≫.)

번쾌는 곧 칼을 들고 방패를 쥐고 군문 안으로 뛰어들었다.

현대한어에도 이런 연동문이 비교적 많이 보인다.

a) 他吃过晚饭散步去了.(그는 저녁밥을 먹고 산보하러 갔다.)

b) 他推门出来.(그는 문을 열고 나왔다.)

c) 他翻开宋词念起来.(그는 송사를 뒤적여 읽기 시작했다.)

2. 뒤의 동사가 앞의 동사의 목적을 나타내는 경우

고대한어에 이런 연동문도 비교적 많이 보인다.

a) 握粟出卜.(≪詩經·小雅·小宛≫)

쌀을 움켜쥐어 내어 점괘를 물었다. / "握粟"은 "卜"의 방식이고 "卜"은 "握粟"의 목적이다.

b) 登軾而望之.(≪左傳·莊公十年≫)

수레에 올라 횡목을 잡고서 제나라 군대를 바라다보았다. / "登軾" 은 "望"의 방법이고 "望"은 "登軾"의 목적이다.

c) 出門看伙伴.(〈木蘭詩〉)

문을 나서 친구들을 보았다. / "出門"은 "看"의 수단이고 "看"은 "出

門”의 목적이다.

현대한어에 이런 연동문은 더욱 많이 보인다.

a) 他站起来迎接客人.(그는 일어나서 손님을 맞이했다.) “站起来”
는 “迎接”의 방식이고, “迎接”는 “站起来”의 목적이다.

b) 这些豆子炒着吃.(이런 콩들은 볶아 먹는다.) “炒着”는 “吃”의
방법이고, “吃”는 “炒”의 목적이다.

c) 我去商店买东西.(나는 물건 사러 상점에 간다.) “去”는 “买”의
수단이고, “买”는 “去”의 목적이다.

3. 앞의 동사가 원인을 표시하고 뒤의 동사가 결과를 표시하는 것

이런 연동문은 고대한어에 드물게 보이고 현대한어엔 많이
보인다.

a) 他骑车子撞破了腿.(그는 자전거를 타다 부딪쳐 다리를 다쳤다.)
“骑”는 원인이고 “撞破了”는 결과이다.

b) 小张生病请假了.(샤오쟝은 병이 나서 휴가를 청했다.) “生病”은
원인이고, “请假”는 결과이다.

4. 앞의 동사가 "有"인 것

이런 연동문은 고대한어에 역시 드물고 현대한어에 많이 보인다.

  a) 他有能力领导这项工作.(그는 이 작업을 이끌어갈 능력이 있다.)
  b) 咱们有义务帮助他.(우리는 그를 도울 의무가 있다.)

5. 연동문과 겸어문을 함께 쓴 경우

이런 문장의 술어부분은 연동과 겸어품사결합의 혼합으로 이루어진다. 고금한어에 모두 이런 문장이 있으나 현대한어에 고대한어보다 좀 더 광범하게 쓰였다.

고대한어에는 다음과 같은 것들이 있다:

a) 卽使吏卒共抱大巫嫗投之河中.(≪史記·滑稽列傳≫)

즉시 이졸을 시켜 함께 무당을 안아 그녀를 강물에 던지게 하였다. / "吏卒"은 겸어이고 "抱", "投"는 연동이다.

b) **丑父使公下如華泉取飲.**(≪左傳・成公二年≫)

추보는 제후를 수레에서 내리게 하여 화천으로 가 물을 마시게 했다. / "公"은 겸어이고 "下", "如", "取"는 연동이다.

어법차이 현대한어에는 다음과 같은 것들이 있다:

a) 你马上派人找张科长来参加会议.(그는 곧 사람을 보내 쟝 과장을 찾아 회의에 참가하게 했다.) "人", "张科长"은 겸어이고 "来", "参加"는 연동문이다.

b) 陈叔叔让他到大学去进修.(陳아저씨는 그를 대학에 가서 공부하게 했다.) "他"는 겸어이고 "到", "去", "进修"는 연동문이다.

제5절 이중빈어문

이중빈어문은 술어 뒤에 두 개의 빈어가 있는 문장이다. 앞의 빈어는 일반적으로 사람을 가리키며 "근(近)빈어" 또는 "간접빈어"라고 하고: 뒤의 빈어는 일반적으로 사물을 가리키며 "원(遠)빈어" 또는 "직접빈어"라 한다. 다음의 세 종류의 동사는 모두 이중빈어를 취할 수 있다.

1. "수여" 의미를 함유한 동사는 이중빈어를 취한다

고대한어에 자주 쓰이는 것으로: 授, 予, 賜, 錫, 遺, 貽 등이 있다.

a) 授孟子室.(≪孟子·公孫丑≫)

맹자에게 방을 주었다. / "孟子", "室"은 이중빈어이다.

b) 秦不予趙城.(≪史記·廉頗藺相如列傳≫)

진나라는 조나라에게 성읍을 주지 않았다. / "趙", "城"은 이중빈어
이다.

c) 公賜之食.(≪左傳·隱公元年≫)

정나라 장공은 그에게 먹을 것을 하사했다. / "之", "食"은 이중빈어
이다. 之: "頴考叔(영고숙)을 가리킨다.

d) 永錫爾類.(≪詩經·大雅·旣醉≫)

영원히 그대에게 미덕을 하사하네. / "爾", "類'는 이중빈어이다. 類: 善.

e) 使人遺趙王書.(≪史記·廉頗藺相如列傳≫)

(秦나라 왕이)사람을 시켜 조나라 왕에게 편지를 보내었다. / "趙王",
"書"는 이중빈어이다.

f) 貽我握椒.(≪詩經·陳風·東門之枌≫)

나에게 한 움큼의 花椒를 주었네. / "我", "握椒"는 이중빈어이다.

현대한어에 자주 쓰이는 것으로는: 授予, 贈送, 给, 送 등이 있다.

a) 授予他光荣称号.(그에게 영광스런 칭호를 주었다.) "他", "光荣称号"는 이중빈어이다.

b) 赠送他一本书.(그에게 한 권의 책을 증여했다.) "他", "一本书"는 이중빈어이다.

c) 他们给了我很多知识.(그들은 내게 많은 지식을 주었다.) "我", "很多知识"은 이중빈어이다.

d) 刘刚送给小王一本≪红楼梦≫.(리우깡은 샤오왕에게 한 권의 ≪홍루몽≫을 선물했다.) "小王", "一本≪红楼梦≫"은 이중빈어이다.

2. "敎示"의 의미를 함유한 동사가 이중빈어를 취한다

고대한어에 자주 쓰이는 것으로는: 語, 告, 示 등이 있다.

a) 子語魯大師樂.(≪論語·八佾≫)

공자가 노나라 대사에게 음악을 알려 주었다. / "魯大師", "樂"은 이중빈어이다.

b) 公語之故, 且告之悔.(≪左傳·隱公元年≫)

鄭나라 莊公은 그에게 이유를 알렸고 또 후회하는 것을 알려 주었다. / "之", "故"는 이중빈어이고 "之", "悔"도 이중빈어이다.

c) 示我顯德行.(≪詩經·周頌·敬之≫)

나에게 밝은 덕행을 가리켜 보였네.

어법
차이

현대한어에 자주 쓰이는 것으로는: 告诉, 指引, 通知, 教 등이 있다.

a) 我告诉他我没有去北京.(나는 그에게 내가 북경에 가지 않았음을 알려 주었다.) "他", "我没有去北京"은 이중빈어이다.

b) 党指引我们前进的方向.(당은 우리가 전진할 방향을 인도하였다.) "我们", "前进的方向"은 이중빈어이다.

c) 你通知大家, 下午小组长参加会议.(넌 모두에게 오후에 조장이 회의에 참가할 거라고 통지해라.) "大家", "下午小组长参加会议"는 이중빈어이다.

d) 张老师教我们英语.(쟝 선생님은 우리에게 영어를 가르치신다.) "我们", "英语"는 이중빈어이다.

3. 기타 의미의 동사가 이중빈어를 갖는 경우

고대한어에 자주 쓰이는 것으로는: 生, 立, 爲, 飮 등이 있다.

a) 地生之財.(≪管子・形勢≫)

땅이 그를 위해 재물을 생산하였다. / "之", "財"는 이중빈어이다. 之: "明君"을 가리킨다. "生之"는 "爲之生"이고 "之"는 위동빈어로 쓰였다.

b) 無生民心.(≪左傳・隱公元年≫)

백성들로 하여금 다른 마음이 생기지 않도록 하라. / "民", "心"은 이중빈어이다. "生民"은, 즉 "使民生"이고 "民"은 사동빈어로 쓰였다.

c) 天生民而立之君.(≪左傳・襄公十四年≫)

하늘이 백성을 내려 그들을 위해 군주를 세우셨다. / "之", "君"은 이중빈어이다. "之"는 "民"을 가리킨다. "立之"는 곧 "爲之立"이고 "之"는 위동빈어로 쓰였다.

d) 不如早爲之所.(≪左傳・隱公元年≫)

일찌감치 그녀에게 처소를 안배함이 좋습니다. / "之", "所"는 이중빈어로 쓰였다. 之: "姜氏"를 가리킨다.

하물며 그대가 일찍이 진나라 왕에게 은혜를 베풀었음에랴. / "晉君",
"賜"는 이중빈어이다. 賜: 은혜.

진후는 조순에게 술을 마시게 했다. / "趙盾", "酒"는 이중빈어이다.
"飮趙盾"은 "使趙盾飮"이다. "趙盾"은 사동빈어로 쓰였다.

> **어법차이**
>
> 현대한어에는: 问, 欠, 赔 등이 있다.
>
> a) 我问你一件事.(너한테 한 가지 일을 묻겠다.) "你", "一件事"는
>   이중빈어이다.
> b) 他欠我钱.(그는 내게 빚을 졌다.) "我", "钱"은 이중빈어이다.
> c) 赔你钢笔.(네게 만년필을 변상해 주마.) "你", "钢笔"은 이중빈
>   어이다.

이로써 볼 때 이중빈어의 일반적인 순서는 고금한어가 같다: 간접
빈어가 앞에 오고 직접빈어가 뒤에 온다. 그러나 변칙도 있어 직접
빈어가 앞에 오고 간접빈어가 뒤에 오기도 한다.

이러한 변칙은 현대한어에는 드물게 보이고 단지 "致函某某人(모
모인에게 편지를 드림)", "復信某集人(누구에게 답신을 보냄)"의 용
법에만 직접빈어가 앞에 오고 간접빈어가 뒤에 온다. 이런 용법은
엄숙하고 간결하여 대개 신문의 표제어에 많이 보인다. 예를 들면:

"致函西哈努克親王(시아누크친왕에게 편지를 보냄)"이 그것이다. 직접빈어 "函"이 앞에 놓이고 간접빈어 "西哈努克親王"이 뒤에 있다. 이러한 변칙의 예는 고대한어에 비교적 많이 보인다.

   a) 永錫祚胤.(≪詩經·大雅·旣醉≫)

   영원히 복록을 자손에게 내리소서. / "祚", "胤"은 이중빈어이다. 祚 "福", "胤": 자손.

   b) 又獻玉斗范增.(≪漢書·高帝紀≫)

   또 옥두를 범증에게 주었다. / "玉斗", "范增"은 이중빈어이다.

   c) 范座獻書魏王.(≪戰國策·魏策≫)

   범좌는 위왕에게 편지를 바쳤다. / "書", "魏王"은 이중빈어이다.

제6절 의문문

의문문은 문제를 제출하는 문장이다. 의문문에는 일반적으로 의문사가 필요하다. 의문사는 의문어기사와 의문대명사로 충당된다. 의문정도, 표달방식 또는 목적의 다름에 따라 의문문은 시비(是非)의문문, 특지(特旨)의문문, 선택의문문, 상의(商議)의문문, 정반(正反)의문문, 완곡의문문, 반어문, 가설의문문의 여덟 종류로 나눌 수 있다. 앞의 다섯 종류는 의문이 있어 묻는 것이고, 뒤의 세 종류는 의문이 없이 묻는 것이다.

1. 시비의문문

시비의문문은 상대방이 "然", "否", "是", "不" 등의 말로써 회답할 수 있는 의문문이다.

고대한어의 시비의문문은 문장 끝에 일반적으로 의문어기사 "乎"를 사용하는데 "嗎"로 번역할 수 있다.

a) 責畢收乎?(≪戰國策・齊策≫)

부채는 전부 회수했는가? / 責: 債와 같다. "收" 또는 "未收"로 대답한다.

b) 子見夫子乎?(≪論語・微子≫)

그대는 선생을 뵈었는가? / "見" 또는 "未見"으로 대답한다.

c) 若毒之乎?(柳宗元〈捕蛇者說〉)

그대는 이 일을 한탄하는가? / 之: 뱀 잡는 일을 가리킨다. "毒" 또는 는 "不毒"으로 대답한다.

어법차이 현대한어의 시비의문문은 문장 끝에 일반적으로 의문어기조사 "吗"를 쓰고 또는 "吗"를 쓰지 않을 수도 있다.

  a) 李老師会来吗?(이 선생님은 오실까요?) "会来" 또는 "不会来"로 대답한다.

  b) 借我字典用用, 行吗?(사전 좀 쓰게 빌려주시겠습니까?) "行" 또는 는 "不行"으로 대답한다.

  c) 你不去?(안 갑니까?) "不去" 또는 "去"로 대답한다.

2. 특지의문문

특지의문문은 특별히 어떤 중요한 문제를 제기하여 묻는 의문문이다. 상대방은 묻는 중점에 맞추어 대답한다. 이런 문장은 모두 의문대명사로 의문중점의 소재를 표시한다.

고대한어의 특지의문문은 문장 끝에 통상 의문어기사를 쓰지 않으나 간혹 "乎", "與"를 쓴다.

　　a) 客何好?(≪戰國策·齊策≫)

객은 무엇을 좋아하시는가? / "何"에 중점을 두어 대답한다.

　　b) 誰謂爾無羊?(≪詩經·小雅·斯干≫)

누가 너에게 양이 없다 했나? / "誰"에 중점을 두어 대답한다.

　　c) 孰可以代之?(≪左傳·襄公三年≫)

누가 그를 대신할 수 있는가? / "孰"에 중점을 두어 대답한다.

　　d) 誰習計會, 能爲文收責于薛乎?(≪戰國策·齊策≫)

누가 회계를 잘 알아 내 대신 설땅에서 부채를 받을 수 있겠는가? / "誰"에 중점을 두어 대답한다. 文: 田文, 즉 孟嘗君(맹상군)이다.

e) 是誰之過與?(≪論語 · 季氏≫)

이것은 누구의 잘못인가? / "誰"에 중점을 두어 대답한다.

현대한어의 특지의문문은 문장 끝에 어기조사 "呢"를 쓰거나 "呢"를 쓰지 않을 수도 있다.

a) 他是谁呢?(그는 누구입니까?) "谁"에 중점을 두어 대답한다.

b) 你在看什么?(무얼 보고 계십니까?) "什么"에 중점을 두어 대답한다.

3. 선택의문문

선택의문문은 동시에 두 개 이상의 문제를 제출하여 상대방이 그 중 하나를 선택하여 대답하기를 희망하는 의문문이다.

고대한어의 선택의문문은 문장 끝에 일반적으로 어기조사 "乎"를 쓰는데 "呢"로 번역할 수 있다.

a) 敬叔父乎? 敬弟乎?(≪孟子 · 告子≫)

숙부를 존경하는가? 아니면 아우를 존경하는가?

b) 滕, 小國也, 間于齊楚, 事齊乎? 事楚乎?(≪孟子・梁惠王≫)

등은 자그마한 나라로서 제나라와 초나라 사이에 있으니 제나라를
섬기겠는가? 아니면 초나라를 섬기겠는가?

> **어법차이** 현대한어의 선택의문문은 일반적으로 "是……还是……" 또는
> "是……还是……还是……"로 표시한다. 단문의 문말에는 "呢"를 쓸 수
> 있다.
> a) 你是去, 还是不去?(당신은 갑니까? 아니면 안 갑니까?)
> b) 你是去东湖呢? 还是去中山公园?(당신은 동호에 갑니까? 아니면
>   중산공원에 갑니까?)
> c) 你是去武汉, 还是去北京, 还是去南京?(당신은 무한에 갑니까? 베
>   이징에 갑니까? 아니면 난징에 갑니까?)

4. 상의의문문

상의의문문은 이렇게 추측은 하지만 최종적인 결정을 내릴 수는 없
어 상대방에게 사실을 묻는 의문문이다.

고대한어의 상의문의의문문은 문말에 일반적으로 어기조사 "與"를
쓰는데 "嗎"로 번역할 수 있다.

a) 是魯孔丘與?(≪論語·微子≫)

노나라의 공자가 아닙니까?

b) 然則廢釁鐘與?(≪孟子·梁惠王≫)

그렇다면 종에 희생의 피를 발라 제사지내는 것을 폐지합니까? /
釁(흔): 血祭.

현대한어의 상의문의의문문은 문말에 일반적으로 어기조사 "吗"를 쓴다.
a) 他是昨天来的吗?(그는 어제 왔습니까?)
b) 柳树绿了吗?(버드나무가 푸르러졌습니까?)

5. 정반의문문

정반의문문은 술어의 긍정형식과 부정형식을 병렬하여 구성하는 의문문이다.

고대한어의 정반의문문은 문말에 자주 부정부사를 쓴다.

a) **尊君在不?**(≪世說新語・方正≫)

당신의 부친은 집에 계십니까?

b) **有匕首否?**(馬中錫〈中山狼傳〉)

비수가 있습니까?

현대한어의 정반의문문은 상황이 비교적 복잡하여 자주 "X 不X", "是不是", "X了没有", "有没有X"를 써서 표시한다.

a) 这本书好不好?(이 책은 좋은가요?)
b) 你是不是今天动身?(오늘 출발하시나요?)
c) 水热了没有?(물이 뜨거워졌습니까?)
d) 你有没有≪新华字典≫?(≪신화자전≫이 있으세요?)

6. 완곡의문문

완곡의문문은 어떤 일에 대해 스스로의 견해가 있지만 직접 말하기가 적절치 않아 고의로 완곡한 말투로 말해내는 의문문이다. 이런 의문문은 통상 상대방의 대답이나 사실파악을 필요로 하지 않는다.

고대한어의 완곡의문문은 자주 다음과 같은 고정격식으로 표시하

는데: "無乃……乎"는 "恐怕……吧"로 번역할 수가 있고 "得無……乎"는 "該不會……吧"로 번역할 수 있으며 "其……乎"는 "大概……吧"로 번역할 수가 있다.

a) **無乃不可乎?**(≪左傳·僖公三十二年≫)

아마도 안 되겠죠?

b) **日食飲得無衰乎?**(≪戰國策·趙策≫)

매일 음식은 줄어들지 않았겠지요?

c) **吳其墟乎?**(≪史記·趙世家≫)

오나라는 아마 폐허가 되었겠지요?

현대한어의 완곡의문문은 자주 "恐怕……吧", "该不会……吧", "大概……吧"로 나타낸다.
a) 恐怕口是心非吧(아마 말만 그렇고 마음은 아니겠지요?)
b) 大概这就是命吧(아마 이것은 운명이겠지요)

7. 반어문

　반어문은 의심이 없이 묻는 의문문이다. 긍정의 형식으로 부정적 내용을 표시하거나 또는 부정적 형식으로 긍정의 내용을 표시한다. 상대방의 대답이 필요 없고 대답은 의문문 속에 들어 있다.

　고대한어의 번어문은 자주 "豈……哉", "寧……乎", "不亦……乎", "何……之有", "何以……爲", "其……乎" 등 고정된 격식으로 나타낸다.

　　a) 豈不難哉?(≪呂氏春秋·察今≫)

설마 곤란하지 않지는 않겠는가? / 답안은 "곤란하다"이다.

　　b) 王侯將相, 寧有種乎?(≪史記·陳涉世家≫)

왕후장상에 타고난 종자가 있단 말인가? / 답안은 "종자가 없다"이다.

　　c) 學而時習之, 不亦說乎?(≪論語·學而≫)

배우고 때로 그것을 익힌다면 즐겁지 않겠는가? / 답안은 "즐겁다"이다. 說(열): 悅(열)과 같다.

　　d) 姜氏何厭之有?(≪左傳·隱公元年≫)

강 씨에게 무슨 만족이 있겠는가? / 답안은 "만족이 없다"이다. 厭(염): 만족

e) 君子質而已矣, 何以文爲?(≪論語・顔淵≫)

군자는 질박할 뿐이다, 무엇하러 문채를 쓰겠는가? / 답안은 "문채를 쓰지 않는다"이다. 以: 用. 爲: 어기조사, "呢"에 해당한다.

f) 一之謂甚, 其可再乎?(≪左傳・僖公五年≫)

한 번도 이미 과분한데 설마 두 번이야 하겠는가? / 답안은 "반복하지 않는다"이다. 再: 두 번째.

어법차이 현대한어의 반어문은 상황이 대단히 복잡하고 표달형식도 각종 각양인데 자주 "有……吗", "没……吗", "难道……吗", "不是……吗" 등의 격식으로 표시한다.

a) 你有票吗?(표가 있습니까?) "没有票.(표가 없다.)"가 대답이다.

b) 我没告诉你吗?(당신한테 말하지 않았습니까?) "已经告诉你了(이미 너한테 말했다.)"가 대답이다.

c) 难道不是事实吗?(설마 사실이 아닌 건 아니겠죠?) "是事实(사실이다.)"가 대답이다.

d) 你不是去过北京吗?(북경에 가보시지 않으셨나요?) "去过北京(북경에 가보았다.)"가 대답이다.

8. 가설의문문

가설의문문은 분명히 알면서도 고의로 묻는 것으로 자문자답하는 의문문이다.

고대한어에 가설의문문은 자문자답하고 또 자문하고 답하지 않는 것도 있다.

a) 其告維何? 籩豆靜嘉.(≪詩經・大雅・旣醉≫)

公尸가 기쁘게 알리는 것은 무슨 까닭인가? 제수용품이 훌륭하기 때문이라네. / 자문자답한 것이다.

b) 江畔何人初見月? 江月何年初照人?(王若虛〈春江花月夜〉)

강변에서 어느 누가 처음 달을 보았는가? 강가의 달은 어느 해에 처음으로 사람을 비추었는가? / 자문하고 답하지 않았다.

> **어법차이** 현대한어의 가설의문문은 일반적으로 자문자답한다. 예를 들면 모택동의 ≪人的正确思想是从那里来的?(사람의 정확한 사상은 어디에서 오는가?)≫에서: "사람의 정확한 사상은 어디에서 오는가? 하늘에서 떨어져 내려오는가? 아니다. 자신의 머리 안에 고유한 것인가? 아니다. 사람의 정확한 사상은 오로지 사회실천 속에서 나온다. 人的正确思想是从哪里来的? 是从天上掉下来的吗? 不是. 是自己头脑里固有的吗? 不是. 人的正确思想, 只能从社会实践中来."라 한 것이 그것이다.

품사순서는 한어어법의 중요한 표달수단이다. 고금한어의 품사순서는 기본적으로 같다. 도치문은 평서문에 반대되는 개념으로 일반적으로 품사를 증감하지 않으면 원래의 평서문이 되며 왕왕 수사적인 효과를 갖기도 한다. 예를 들면: 주술도치문, 정어중심어도치문, 부사어중심어도치문, 개사빈어도치문 등이 있다. 그런데 빈어전치문은 빈어후치문에 대치시켜 한 말로서 모두 정상적인 순서이다. 일반적으로 말하자면 빈어전치문은 환원의 문제가 없고 수사작용도 없다. 서술의 편리를 위해 여기서는 모두 "도치문"이라 부르기로 한다.

1. 주술도치문

술어를 강조하기 위해 감탄문, 기원문, 의문문은 술어를 주어 앞에다 놓을 수가 있다. 협운의 필요에 따라 진술문도 술어를 주어 앞에 놓을 수가 있다.

(1) 감탄문술어전치

고대한어감탄문의 술어는 왕왕 주어 앞에 놓인다.

a) 展矣君子!(≪詩經·邶風·雄雉≫)

군자는 성실하도다. / 展: 성실

b) 賢哉回也!(≪論語·雍也≫)

안회는 얼마나 현명한가!

c) 死矣, 盆成括!(≪孟子·盡心≫)

분성괄은 죽었도다!

d) 甚矣, 汝之不惠!(≪列子·湯問≫)

그대의 지혜롭지 못함이 지나치도다! / 惠: 慧와 통함.

어법차이 현대한어의 감탄문도 술어를 주어 앞에 놓을 수가 있다.

a) 起来, 饥寒交迫的奴隶!(일어나라, 주림과 추위에 핍박받는 노예들이여!)

b) 多么幸福啊, 新中国的儿童!(얼마나 행복한가, 신중국의 아이들은!)

(2) 기원문술어전치

고대한어기원문의 술어도 자주 주어의 앞에 놓인다.

a) 勗哉夫子!(≪史記·周本紀≫)

선생은 힘쓰소서! / 勗(욱): 면려하다.

b) 王若曰: "格爾衆!"(≪書·盤庚≫)

왕이 이렇게 말하였다. "너희들은 오거라!" / 若: 如此. 格: 來.

c) 來, 尸蟲!(柳宗元〈罵尸蟲文〉)

시체벌레여 오거라!

현대한어기원문도 술어를 주어 앞에 놓을 수가 있다. 예를 들면: "出来吧, 你们!(나와라, 너희들!)"이 그것이다.

(3) 의문문술어전치

고대한어의문문의 술어도 자주 주어의 앞에 놓인다.

a) 誰與, 哭者?(≪禮記·檀弓≫)

우는 자는 누구인가?

b) 子耶, 言伐莒者?(≪呂氏春秋 · 重言≫)

거나라를 치자고 한 사람이 그대인가? / 子: 제나라의 東郭牙(동곽아)를 가리킨다.

c) 白雪紛紛何所似?(≪世說新語 · 言語≫)

백설이 분분히 날리는데 무엇과 같은가? / "何"는 술어로 쓰였다.

_{어법
차이} 현대한어의문문의 술어도 역시 주어의 앞에 놓일 수가 있다. 예를 들면: "怎么了, 你?(어떻게 된 거야, 너?)"가 그것이다.

(4) 진술문술어전치

고대한어의 운문 중에 압운을 위해서 왕왕 진술문의 술어를 주어 앞에다 놓기도 한다. 이런 구법은 현대한어에 아주 드물다.

a) 桃之夭夭, 灼灼其華.(魚部)
   之子于歸, 宜其室家.(魚部)(≪詩經 · 周南 · 桃夭≫)

복숭아나무의 풍성함이여 그 꽃이 선염하도다. 이 아가씨 시집가는데 그 집안을 화목게 하라. / "灼灼其華"는 "其華灼灼"이다. "華"와 "家"의 운을 맞추기 위해 술어 "灼灼"을 앞에 놓았다.

b) 燕燕于飛, 下上其音.(侵部)

之子于歸, 遠送于南.(侵部)(≪詩經·邶風·燕燕≫)

제비가 날아도는데 그 울음소리 위아래로 울리네. 이 아가씨 시집 가는데 멀리 그녀를 남쪽으로 전송하네. / "下上其音"은 "其音下上"이 다. "音"과 "南"의 운을 맞추기 위해 술어 "下上"을 앞에다 놓았다.

2. 술빈도치문

고대한어에 빈어가 술어 앞에 놓는 것은 조건이 있다. 그 규율은:

(1) 의문문의 의문대명사 빈어의 전치

a) 吾誰欺? 欺天乎?(≪論語·子罕≫)

내가 누구를 기만하겠는가? 하늘을 기만하겠는가?

b) 皮之不存, 毛將安傅?(≪左傳·僖公十四年≫)

껍질조자 존재하지 않는데 털이 어찌 거기 붙어 있겠는가?

c) **大王來何操?**(≪史記·項羽本紀≫)

당신은 오실 때 무엇을 가져왔습니까?

현대한어에는 이런 문장이 없고 의문대명사가 빈어일 때 술어 뒤에 놓인다.

고대한어의문문의 의문대명사가 빈어가 될 때에도 술어의 뒤에 놓이기도 하는데 많지는 않다. 예를 들면: ≪漢書·陳平傳≫에서: "諸將云何"는 "장군들이 뭐라고 말했는가?"이다.

(2) 부정문대명사빈어의 전치

a) **不吾知也.**(≪論語·先進≫)

나를 모르는 것이다.

b) **子不我思, 豈無他人.**(≪詩經·鄭風·褰裳≫)

그대 나를 그리워하지 않는데 설마 다른 좋은 사람이 없는 것은 아니겠지?

c) **我無爾詐, 爾無我虞.**(≪左傳·宣公十五年≫)

내가 그대를 속이지 않으니 그대는 나를 경계하지 말라.

d) 莫余毒也.(≪左傳・僖公二十八年≫)

다시는 우리를 해칠 사람이 없다. / 毒(독): 危害(위해).

e) 自書典所記, 未之有也.(≪後漢書・張衡傳≫)

서적의 기재 이후로 이런 것(地動儀)은 없었다. / 之: 지동의를 가리
킨다.

현대한어에는 이런 문장이 없고 부정문대명사가 빈어가 될 때 여
전히 술어의 뒤에 놓인다.

고대한어의 부정문대명사도 빈어가 될 때 때로 뒤에 놓이기도 한
다. 예를 들면: ≪左传・庄公十一年≫: "吾弗敬子矣"는 "나는 그대
를 존경하지 않는다"이다.

(3) 지시대명사 "是"가 전치빈어가 될 때

先秦시대에 대명사 "是"가 빈어일 때 자주 앞에 놓인다. 이런 문
장의 "是"는 뚜렷한 지시작용이 있는데 사람을 가리키기도 하고 사
물을 가리키기도 한다.

a) 子孫是保.(≪陳逆簋≫)

자자손손 제기를 보호하라. / 是: "제기(祭器)"를 가리킨다.

b) 爾貢包茅不入, 王祭不共, 無以縮酒, 寡人是征.
(≪左傳·僖公四年≫)

너희 초나라는 공물로 바치는 포모를 들이지 않아 주나라 왕의 제사용품을 공급할 수 없어 술을 스며들게 할 채소가 없으니 내가 그것을 찾겠다. / 是: "包茅(포모 / 역자주: 다발로 묶은 띠로 옛날 제사 때 여기에 술을 따라 찌꺼기를 없앴음.)"를 가리킨다.

c) 昭王南征而不復, 寡人是問.(≪左傳·僖公四年≫)

주나라 소왕이 남쪽으로 순수하여 조정에 돌아오지 않으니(漢水에서 죽었음) 내가 이 문제를 묻겠노라. / 是: "昭王南征而不復"을 가리킨다.

d) 天子是若.(≪詩經·大雅·烝民≫)

천자가 중산보를 선택하였다. / 若: 택하다. 是: "仲山甫"를 가리킨다.

현대한어에는 이런 문장이 없다.

(4) 조사를 빌려 빈어를 앞에다 놓는 것을 돕는 경우

고대한어에 술어 앞에 조사 "是", "之", "實", "斯", "焉", "于" 등을 붙이면 명사, 대명사가 전치빈어가 된다. 현대한어에는 이런 문장이 없다.

a) 先君之好是繼.(≪左傳 · 僖公四年≫)

선군의 우호관계를 이어간다.

b) 南土是保.(≪詩經 · 大雅 · 崧高≫)

남쪽 땅을 보위한다.

c) 云誰之思?(≪詩經 · 邶風 · 簡兮≫)

누구를 생각하나? / 云: 발어사.

d) 姜氏何厭之有?(≪左傳 · 隱公元年≫)

강 씨에게 무슨 만족이 있겠는가?

e) 鬼神非人實親.(≪左傳 · 僖公五年≫)

귀신은 가까운 사람과 친하지 않는다.

f) 朋酒斯饗.(≪詩經 · 豳風 · 七月≫)

두 잔의 술을 마신다.

g) 我周之東遷, 晉鄭焉依.(≪左傳 · 隱公六年≫)

우리 주나라가 동쪽으로 옮긴 후 진나라와 정나라에 의지하게 되었다. / 依: 일설에 "가까이하다"라고도 한다.

h) 玁狁于襄.(≪詩經・小雅・出東≫)

오랑캐들을 제거하였네.

(5) "唯……是(之)……"의 격식을 빌려 빈어를 전치함

이러한 문장 중의 "唯"는 부사로 그것은 빈어를 강조할 뿐 아니라 빈어의 단일성, 배타성도 강조하여 "只", "只是"로 번역할 수가 있다. 이런 문장은 아주 강한 생명력을 갖고 있는데 현대한어에도 때로 운용된다. 예를 들면: "唯利是图", "唯你是问" 등이 그것이다.

a) 唯敵是求.(≪左傳・宣公十五年≫)

단지 적을 찾을 뿐이다.

b) 唯酒食是議.(≪詩經・小雅・斯干≫)

단지 술과 음식을 논한다.

c) 唯才是擧.(曹操〈求賢令〉)

단지 현명한 사람만을 추천한다.

d) 唯子之怨.(≪左傳・文公十年≫)

오직 그대만을 원망한다.

e) 唯魚之求.(≪列子・湯問≫)

단지 물고기만을 구한다.

(6) 빈어를 강조하거나 압운의 필요에 의해 빈어도 자주 전치된다.

a) 高山仰止, 景行行止.(≪詩經・小雅・車舝≫)

높은 산을 올려다보고 큰길을 걷는다. / 景行: 大道.

b) 臣死且不避.(≪史記・項羽本紀≫)

저는 하물며 죽음도 두려워 않습니다.

c) 節彼南山, 維石巖巖.(談部)
　 赫赫師尹, 民具爾瞻.(談部)(≪詩經・小雅・節南山≫)

험준한 남산, 그 돌이 쌓여 있네. 혁혁한 태사 윤 씨는 백성들이 모두 바라다본다네. / "民具爾瞻"은 "民具瞻爾"이다. "瞻"과 "巖"의 운을 맞추기 위해 빈어 "爾"를 앞에 놓았다.

현대한어에도 수사를 술어의 앞에 놓아 수사에 대해 강조하는 문형이 있다.
　a) 他平时一文钱也不乱花.(그는 평소 한 푼의 돈도 함부로 쓰지 않았다.)
　b) 我谁也不认识.(나는 누구도 모른다.)

c) 大嫂一天门都不出.(큰 형수는 하루종일 문조차 나서지 않는다.)

d) 他什么都知道.(그는 무엇이든지 다 안다.)

3. 개빈도치문

현대한어의 개빈품사결합은 개사가 앞에 있고 빈어가 뒤에 있는
게 보통이다. 그러나 고대한어의 개빈품사결합은 빈어가 앞에 있고
개사가 뒤에 있는 것도 있다. 그 규율은:

(1) 의문문 의문대명사빈어의 전치

a) 何以戰?(≪左傳 · 莊公十年≫)

무엇으로써 전쟁을 하리오? / 何以: 즉 "以何"이다.

b) 誰與(居)? 獨處.(≪詩經 · 唐風 · 葛生≫)

누구와 동거하리오? 홀로 살 뿐이로다. / 이 문장은 술어 "居"를
생략했다. 誰與: 즉 "與誰"이다.

c) 水奚自至?(≪呂氏春秋·貴直≫)

물은 어디로부터 오는가? / 奚自: 즉 "自奚(什么)"이다.

d) 何用不臧?(≪詩經·邶風·雄雉≫)

어찌하여 길상치 않는가? / 何用: 즉 "用(爲)何"이다.

(2) 조사 "之", "是"를 빌려 빈어가 전치되도록 돕는 경우

a) 晋居深山, 戎狄之與隣.(≪左傳·昭公十五年≫)

진나라는 심산 속에 있어 오랑캐와 이웃하고 있다.

b) 我楚國之爲[行], 豈爲一人行也?(≪左傳·襄公二十八年≫)

우리는 초나라를 위해 왔습니다. 설마 겨우 초나라 康王 일개인을
위해 왔겠습니까?

c) 豈不穀是爲? 先君之好是繼.(≪左傳·僖公四年≫)

설마 내 자신을 위해서이겠습니까? 선군의 우호관계를 계승하기
위해서입니다.

(3) 개사 "以"의 빈어는 자주 전치된다.

a) 蛹以爲母, 蛾以爲父.(≪荀子 · 賦 · 蠶≫)

(누에는) 번데기를 모친으로 삼고 나방이를 부친으로 삼는다.

b) 楚國方城以爲城, 漢水以爲池.(≪左傳 · 僖公四年≫)

초나라는 방성산을 성벽으로 삼고 한수를 護城河로 삼는다.

c) 秋以爲期.(≪詩經 · 衛風 · 氓≫)

가을을 결혼의 날로 잡는다.

d) 楚戰士無不一以當十.(≪史記 · 項羽本紀≫)

초나라 군사는 한 명이 열을 이기지 못하는 자가 없었다.

(4) 빈어를 강조하기 위해 기타 개사의 빈어도 전치될 수 있다.

a) 日居月諸, 東方自出.(≪詩經 · 邶風 · 日月≫)

해와 달은 동방에서 뜬다.

b) 野于飮食.(≪墨子 · 非樂上≫)

들판에서 음식을 먹는다.

c) 沛公北向坐, 張良西向坐.(≪史記·項羽本紀≫)

패공은 북쪽을 향해 앉았고 장량은 서쪽을 향해 앉았다.

4. 정어 중심어 도치문

고대한어는 정어를 돌출시키기 위해 또는 언어를 더욱 유창하게 하기 위해 수량사와 형용사를 정어로 하여 때로 중심어 뒤에 후치한다.

(1) 수량사가 정어가 되어 후치되는 경우

a) 武王有臣三千而一心.(≪管子·法禁≫)

무왕에게는 삼 천 명의 신하가 있었고 한마음이었습니다.

b) 冉子與之粟五秉.(≪論語·雍也≫)

염자가 그에게 열여섯 휘의 곡식을 주었다.

c) 黃金萬鎰爲用.(≪戰國策·秦策≫)

만 일의 황금을 비용으로 삼았다.

d) 吏皆送奉錢三.(≪史記・蕭相國世家≫)

관리들은 모두 삼 전의 돈을 (高祖에게) 바쳤다.

(2) 형용사가 정어가 되어 후치될 경우

a) 駕八龍之婉婉兮.(屈原〈離騷〉)

구불구불거리는 여덟 마리 용을 타고 있네.

b) 蚓無爪牙之利, 筋骨之強.(≪荀子・勸學≫)

지렁이에게는 날카로운 발톱과 이빨이 없고 근육과 뼈의 강함이 없다.

c) 復爲羽聲慷慨.(≪史記・刺客列傳≫)

다시 강개하고 격앙된 羽聲으로 변했다.

어법차이 현대한어에는 정어를 돌출시키기 위해 또는 일종의 보충의 어기를 표시하기 위해 역시 정어를 후치할 수가 있는데 그러나 후치된 정어는 모두 중심어 밖에 독립하고 조사 "的"을 대동한다.

a) 荷塘四面, 长着许多树, 蓊蓊郁郁的.(연못 사방에는 많은 나무들이 자라고 있어 울울창창하였다.)

b) 一切人, 先进的和后进的, 都将在竞赛中受到严格的考验.(모든 사람들은 선진적인 사람이나 후진적인 사람이나 모두 경쟁 속에서 엄격한 시험을 거치게 된다.)

5. 부사어 중심어 도치문

고대한어는 부사어를 돌출시키기 위해 또는 압운의 필요에 의해 때로 부사어를 후치할 수가 있다.

   a) 發而不中, 則不怨勝己者, 求反諸己而已.(≪唐石經·禮記·
      射義≫)

만일 화살이 명중하지 않으면 자기를 이긴 사람을 원망하지 말고 되돌이켜 자기 자신을 돌아봐야 한다. / "求反諸己"는 "反求諸己"이다. 부사어 "反"이 후치되었다.

   b) 幽尋得此地, 詎有一人曾?(王維〈韋給事山居〉)

그윽한 곳에서 이런 곳을 찾아냈으니 설마 일찍이 누군가 있었겠는가? / "詎有一人曾"은 "詎曾有一人"이다. 부사어 "曾"이 후치되었다.

   c) 匪居匪康(陽部), 乃場乃疆(陽部).(≪詩經·大雅·公劉≫)

(공류는) 감히 편안히 거하지 않고 밭을 구획하여 구역을 나누었다. "匪居匪康"은 "匪康居"이다. 압운을 위해 부사어 "康"을 후치했다. 또한 음절을 맞추기 위해 일부러 "匪"자를 하나 더 넣었다.

　　현대한어는 부사어를 돌출시키기 위해 또는 일종의 보충의 어기를 표시하기 위해 때로 역시 부사어를 후치하는데 그러나 후치된 부사어는 모두 중심어 밖에 독립된다.

　　a) 你把药按时送到, 千万千万.(넌 약을 제때에 보내야 한다, 꼭 꼭.)

　　b) 老杨, 去一趟吧, 为了我, 也为了孩子.(양 씨, 한번 가보세요, 나를 위해, 또 아이를 위해서.)

제8절　생략문

　　생략문은 필요한 어법성분을 생략한 문장이다. 생략문을 운용하면 비록 언어를 더욱 정련되게 할 수 있지만 독해에 약간의 곤란을 가져온다. 생략방식이나 생략성분을 잘 모르면 문장의 뜻에 대해 망연하게 되며 그 까닭에 생략문을 이해할 필요가 생긴다.

　　고금한어의 생략방식은 다음의 네 종류를 벗어나지 않는다: 하나는 앞을 이어받아 생략하는 것이다.(承前省) 위 문장에 이미 출현한 글은 다음 문장에서 중복을 피해 앞을 이어받아 생략한다. 둘째는 뒤에서 찾아 생략하는 것이다.(探下省) 뒤 문장에서 장차 출현하려는 글을 앞 문장에서 중복을 피하여 뒤에서 찾아 생략한다. 셋째는 대화의 생략이다. 인물 쌍방이 대화할 때 인칭대명사 "吾", "我", "爾", "你"
는 왕왕 생략된다. 넷째는 자술의 생략이다(自敍省). 작자가 어떤 일
을 서술할 때 인칭대명사 "吾", "我" 역시 왕왕 생략된다.

고대한어의 생략현상은 현대한어보다 복잡하다. 비록 어떤 생략현
상, 즉 주어, 술어, 빈어의 생략은 고금한어에 공통된 것이지만 고대
한어에만 있는 생략현상, 즉 개사, 정어, 중심어, 겸어의 생략은 현대
한어에 드물게 보인다.

1. 주어의 생략

고대한어 주어의 생략은 비교적 특수하여 어떤 것은 앞의 앞 구
를 이어받아 생략하고 어떤 것은 대화 시에 자문자답하여 생략하므
로 판가름하기가 쉽지 않다.

a) 楚人爲食, 吳人及之; (楚人)奔, (吳人)食而從之.
(≪左傳·定公四年≫)

초나라 사람들이 밥을 짓는데 오나라 사람들이 그들을 쫓아왔다:
(초나라 사람들이)도망치니, (오나라 사람들이) 그 밥을 먹고 다시 그
들을 추격했다. "奔"의 주어는 앞의 앞 구 "楚人"을 받아 생략한 것
이고 "食而從之"의 주어도 앞의 앞 구 "吳人"을 받아 생략한 것이다.

b) 七月(蟋蟀)在野, 八月(蟋蟀)在宇, 九月(蟋蟀)在戶,
十月蟋蟀入我床下.(≪詩經·豳風·七月≫)

칠월에는 귀뚜라미가 밭에 있고 팔월에는 처마에 있고 구월에는 문간에 있고 시월에는 귀뚜라미가 내 침상 아래에 있네. / 앞 세 구의 주어는 다음 구 주어 "蟋蟀"을 생략한 것이다.

c) 陽貨欲見孔子, 孔子不見. ……(陽貨)謂孔子曰: "來! 予與爾言." (陽貨)曰: "懷其寶而迷其邦, 可謂仁乎?" (陽貨)曰: "不可." "好從事而亟失時, 可謂知乎?"(陽貨)曰: "不可. 日月逝矣, 歲不我與." 孔子曰: "諾! 吾將仕矣."(≪論語·陽貨≫)

양화가 공자더러 자신을 배알하게 하려 했는데 공자는 보려고 하지 않았다. ……(양화가)공자에게 말하였다. "오시오! 내 당신에게 말하리다." (양화가 말하였다): "재능을 품고서 노나라를 어지럽게 한다면 인하다고 할 수 있겠소?" (양화가)말했다. "불가능하오." "정치에 종사하기를 좋아하면서 누차 시기를 놓친다면 총명하다고 하겠소?" (양화가)말했다. "불가능하오." "해와 달은 가고 세월은 우리를 기다려 주지 않네." 공자가 말하였다. "좋습니다! 내가 장차 관직을 하리다."

이 대화에서 두 번 나온 "不可" 앞의 "曰"의 주어는 공자 같지만 실제로는 양화이고 양화가 자문자답한 것이다. 寶: 재능을 비유한다. 亟: 누차. 知: "智"와 같다. 與: 기다리다.

d) 潯陽臘月, 江風苦寒, (吾)歲暮鮮歡, 夜長無睡.(白居易〈與元九書〉)

심양의 납월은 강바람의 차가움이 괴로운데 (나는)세밑이 되어도 즐거움이 적어 긴 밤을 잠을 못 이룹니다. /

작자는 일을 자술하였는데 인칭대명사 "吾"를 생략하였다.

현대한어의 주어의 생략도 자주 보이는 것인데 고대한어의 생략문보다는 쉬이 식별된다.

a) 孔乙己长久没有来了. (孔乙己)还欠十九个钱呢!(공을기는 오랫동안 오지 않았다. (공을기)는 아직 19전을 빚졌는데!) "欠"의 주어는 위 구 "孔乙己"를 이어받아 생략했다.

b) (他)干了一会, 他热起来了.((그는)잠시 했더니 그는 더워지기 시작했다.) "干"의 주어는 다음 구의 "他"를 찾아 생략되었다.

c) 你还记得她吗? (我)记得.(넌 아직 그녀를 기억하니? (난)기억해.) 인물 쌍방이 대화하면서 주어 "我"를 생략했다.

d) 对待新手这样不耐烦是不对的, 今后(我)决心改正.(초보자에게 이렇게 참을성 없게 대하는 것은 옳지 않아, 이후로 (나는) 바로잡기로 결심했어.) 작자가 일을 자술할 때 주어 "我"를 생략했다.

2. 술어의 생략

술어는 문장의 핵심성분이다. 만약 술어가 불완전하면 문장의 뜻
은 완전하지 못하게 되므로 술어의 생략은 드물게 보인다.

고대한어의 술어는 앞을 이어 생략되거나 또는 뒤를 찾아 생략되
거나 또는 대화로써 생략된다.

a) 擇其善者而從之, (擇)其不善者而改之.(≪論語・述而≫)

그중의 좋은 점을 가려서 그것을 본받고 그중의 결점을 (가려서)
그것을 고친다. 두 번째 구의 술어는 앞 구 "擇"을 이어받아서 생략
한 것이다.

b) 楊子之隣人亡羊, 旣率其黨(追之), 又請楊子之竪追之.
(≪列子・說符≫)

양자의 이웃이 양을 잃어버렸는데 이웃사람은 그의 가족들, 친구
들을 데리고 (그것을 추적하였고), 또 양자의 아해를 청하여 그것을
추적하였다. / 두 번째 구의 술어는 다음 구의 "追之"를 따라 생략한
것이다.

c) (夫子)曰: 學詩乎? (鯉)曰: 未(學)也.(≪論語・季氏≫)

(선생이)물었다: 시를 배웠는가? (鯉가)대답했다: (배우지)않았습니다.

두 인물이 대화함에 술어 "學"을 생략하였다.

현대한어의 술어는 대개 대화의 경우 생략된다.

谁在呼喊? 新来的几个学生(呼喊).(누가 고함치고 있지? 새로 온 몇 명의 학생들이 (고함치고 있어).) 인물 쌍방이 대화하면서 술어 "呼喊"을 생략했다.

3. 빈어의 생략

빈어의 생략은 술어의 빈어생략과 개사의 빈어생략 두 종류를 포함한다.

고대한어는 어떤 조건하에서는 술어의 빈어를 생략할 수 있을 뿐 아니라 개사의 빈어도 생략할 수가 있다.

a) 思皇多士, 克生王國. 王國克生(多士), 維周之楨.
(≪詩經·大雅·文王≫)

훌륭한 많은 선비들, 문왕의 나라에서 태어날 수 있었네. 문왕의 나라에서 (훌륭한 선비들을) 태어나게 하였으니 그들은 모두 주나라의 동량이라네. / 제삼구의 술어 "克生"의 빈어는 앞의 "多士"를 이어받아 생략되었다. 皇: 美. 楨(정): 골간, 동량.

b) **王曰：賢者亦有此樂乎？ 孟子對曰：有(此樂).(≪孟子·梁惠王下≫)**

齊나라 宣王이 물었다: 현명한 사람도 이런 쾌락이 있습니까? 맹자가 대답했다. (이런 쾌락이) 있습니다. 인물이 서로 대화함에 술어 “有”의 빈어를 생략하였다.

c) **魯道有蕩, 齊子由(魯道)歸.(≪詩經·齊風·南山≫)**

제나라와 노나라의 큰길은 평탄하여 文姜은 (노나라의 길)로 해서 魯桓에게 시집갔네. / 개사 “由”의 빈어는 위 구 “魯道”를 이어받아 생략되었다. 歸(귀): 출가하다.

d) **公輸盤爲楚造雲梯之械, 成, 將以(雲梯)攻宋.(≪墨子·公輸≫)**

공수반은 초나라를 위해 운제라는 사다리를 만들었는데 운제가 다 이루어지자 (운제를) 가지고 송나라를 공격하려 하였다. / 개사 “以”의 빈어는 앞의 “雲梯”를 이어받아 생략되었다.

현대한어술어의 빈어생략은 비교적 많긴 하지만 개사의 빈어는 생략할 수 없다.

a) 他总想参加共青团, 可是还没能参加(共青团).(그는 언제나 공산청년당에 참가하려 했지만 그러나 아직 (공산청년당에) 참가할 수 없었다.) 술어 “参加”의 빈어는 위 구의 “共青团”을 이어 생략했다.

b) 你想看≪三国演义≫吗? 想看(≪三国演义≫).(넌 ≪삼국연의≫ 읽고 싶니? (삼국연의) 읽고 싶어.) 인물 쌍방의 대화에서 술어 “想看”의 빈어 “≪三国演义≫”를 생략했다.

4. 개사의 생략

개사결구는 개사가 핵심이 된다. 이치에 따라 말한다면, 개사는 생략할 수 없는 것이다. 그러나 고대한어에서 개사의 생략현상은 비교적 보편적이다. 현대한어의 개사는 생략할 수 없는데 때로 시간, 처소명사가 직접 부사어가 된다. 예를 들면: "屋里坐(안으로 앉으세요)"는 개사의 생략으로 볼 수 없다.

a) 死馬且買(以)五百金, 況生馬乎?(≪戰國策·燕策≫)

죽은 말도 오백 금을 (써서) 사들이는데 하물며 산 말이랴? / "五百金"은 앞에 개사 "以"를 생략하였다.

b) 誕置之(于)隘巷, 牛羊腓字之.(≪詩經·大雅·生民≫)

后稷을 좁은 마을(에) 버려두니 소와 양이 그를 비호하였네. / "隘巷" 앞에 개사 "于"가 생략되었다.

c) 兩岸靑山相對出, 孤帆一片(自)日邊來.(李白〈望天門山〉)

양쪽 기슭의 푸른 산은 마주보며 솟아 있고 작은 배 한 척 태양(으로부터) 나아오네. / "日邊" 앞에 개사 "自"가 생략되었다.

5. 정어의 생략

　현대한어의 정어는 일반적으로 생략될 수 없으나 고대한어는 어떤
언어환경하에서는 때로 생략될 수 있다.

　　a) 先祖匪(他)人.(≪詩經·小雅·四月≫)

선조는 (바깥)사람이 아닙니다. / "人" 앞에 정어 "他"가 생략되었
다. 匪(비): 非, 不.

　　b) 此其近者禍及(其)身, 遠者及其子孫.(≪戰國策·趙策≫)

이 사람들 중에는 어떤 이는 당시에 재앙이 (그들의) 몸에 강림했
고 더욱 오래된 경우는 재앙이 그들의 자손에게까지 강림했습니다. /
"身" 앞에 정어 "其"가 생략되었다.

　　c) 醫之好治不病以爲(己)功.(≪韓非子·喩老≫)

의사는 병이 없는 사람들을 치료하기 좋아하며 이것을 (자기의) 공
로로 삼았다. / "功" 앞에 정어 "己"가 생략되었다.

6. 중심어의 생략

고대한어에서는 단지 정어만 남겨 놓고 중심어를 생략하는 현상이 비교적 보편적이다.

a) 雨我公田, 遂及我私(田).(≪詩經・小雅・大田≫)

비가 우리의 공전에 내리고 또 나의 사(전)에도 내리네. / 중심어 "田"이 생략되었다.

b) 伐無道(之君), 誅暴秦.(≪史記・陳涉世家≫)

무도한 (군주)를 토벌하고 강포한 秦나라를 주벌하였네. / 중심어 "國君"을 생략하였다.

c) 沛今共誅令, 擇可立(者)立之.(≪漢書・高帝紀≫)

패현의 부로(父老)들은 지금 함께 현령을 죽이고 , 현령이 될 만한 (사람)을 골라 세우고 있습니다. / 생략된 중심어는 특수조사 "者"를 가지고 대체할 수 있다.

> **어법차이** 현대한어의 중심어는 모종의 "比"자가 있는 문장 중에서야 비로소 생략할 수 있고 구어에 많이 쓰인다.
> a) 你的字比我(的字)写得好.(너는 글씨를 나보다 잘 쓴다.) 중심어

“字”를 생략했다.

b) 她的衣服比你的(衣服)漂亮.(그녀의 옷은 네 것보다 예쁘다.) 중심어 “衣服”을 생략했다.

7. 겸어의 생략

고대한어의 겸어는 왕왕 생략할 수가 있다. 생략된 겸어는 일반적으로 앞 문장에 보이므로 이 때문에 대명사 “之” 또는 “其”를 써서 그것을 대체할 수 있다. 그러나 현대한어의 겸어는 일반적으로 생략할 수가 없다.

a) 天位殷適, 使(之)不挾四方.(≪詩經・大雅・大明≫)

하늘이 은나라의 강적을 내리시어 (그로 하여금) 사방을 보위하지 못하게 하셨다. / 位: “立”과 같다. 適: “敵”과 통한다. 겸어 “之”는 위 구의 “殷”을 받아 생략되었다.

b) 火燒令(之)堅.(沈括≪活板≫)

불로 (그것을) 태워 견고하게 하였다. / 之: 인영(印影)을 가리킨다. 겸어 “之”를 생략했다.

c) 以相如功大, 拜(相如)爲上卿.(≪史記·廉頗藺相如列傳≫)

인상여가 공로가 커서 (趙나라 왕은) (相如를) 상경에 앉혔다. 겸어 "相如"는 위 구를 이어받아 생략되었다.

d) 大將軍鄧隲奇其才, 累召(其)不應.(≪後漢書·張衡傳≫)

대장군 등척은 장형의 재능이 뛰어나다고 여겨 여러 차례 그를 불렀지만 응낙하지 않았다. / 겸어 "其"는 위 구를 이어받아 생략되었다. 其: 張衡(장형)을 가리킨다.

제5장 복 문

  복문은 두 개 또는 두 개 이상의 단문으로 이루어진다. 단문은 복문에 포함되면 분문(分文)이 된다. 복문과 단문의 중요한 구별은: 결구에 있어 복문은 두 개 또는 두 개 이상의 분문을 포함하고, 내용상으로는 복문은 단문에 비해 더욱 풍부하여 단문보다는 크고 문장조직보다는 작은 단위이다. 그 결구상 특징에 따라 복문은 일반복문, 다중복문 및 긴축복문의 세 종류로 나눌 수 있다.

제1절 일반복문

  일반복문은 단지 한 겹의 관계를 포함하고 분문 사이에 비교적 작은 어음(語音)의 끊김이 있으며 일반적으로 쉼표로 끊어낸다. 어떤 복문은 상투어가 된 관련사를 상용하기도 하는데 설사 "意合法"이라 해도 역시 적당한 관련사를 보충할 수가 있다. 고금한어의 일반복문은 다음을 포함한다: 병렬복문, 승접복문, 점층복문, 총분(總分)복문, 선택복문, 전절(轉折)복문, 양보복문, 조건복문, 인과복문, 가설복문, 목적복문 등이다.

1. 병렬복문

  병렬복문의 몇 개의 분단은 몇 종류의 사물 또는 동일한 사물의 여러 방면을 나누어 서술한다. 분문 간의 관계는 평등하다. 혹은 등립관계가 되고 혹은 대립관계가 되는데 그 자리를 바꾸어도 뜻은 손상됨이 없다.

  고대한어의 병렬복문은 일반적으로 관련사를 쓰지 않는데 때로 관련사 “亦”, “而”, “旣……亦”, “旣……又……” 등을 쓴다.

  a) **君子喩于義, 小人喩于利.**(≪論語·里仁≫)

군자는 대의에 통달하고 소인은 단지 사적인 이익만 본다.

  b) **生, 亦我所欲也; 義, 亦我所欲也.**(≪孟子·告子≫)

목숨도 내가 아끼는 것이고 의도 내가 아끼는 것이다. / 관련사 “亦……亦”을 썼다.

  c) **公所居, 天下之精兵處也; 而公, 陛下之信幸臣也.**
    (≪史記·淮陰侯列傳≫)

당신이 거주하는 곳은 천하의 정예부대가 있는 곳이고 당신은 천자가 신뢰하고 총애하는 대신입니다. / 관련사 “而”를 썼다.

d) 旣右烈考, 亦右文母.(≪詩經·周頌·雝≫)

文王을 청하여 제수용품을 맛보게 한데다 또한 太姒(태사)를 청하여 제수용품을 맛보게 하였다. / 관련사 "旣……亦……"을 썼다. 右: "侑(유)"와 통한다. 향흠을 권하는 것이다.

어법차이

현대한어의 병렬복문은 관련사 "也", "又", "还", "旣……又(也)……", "一方面……另方面……" 등을 쓴다. 때로는 관련사를 쓰지 않는다.

a) 你去, 我也去.(네가 가면 나도 간다.)

b) 这里有松树, 还有白杨.(여기에는 소나무도 있고 또 백양나무도 있다.)

c) 一方面必须对材料有高度的概括, 另方面又必须在画龙点睛之处作细腻的加工.(한편으로는 반드시 재료에 대해 고도의 개괄이 있어야 하고 또 다른 한편으로는 화룡정점할 곳에 반드시 세밀한 공을 가해야 한다.)

d) 秋风萧萧, 夕阳西下.(가을바람이 소슬하고 석양이 서쪽으로 기울었다.)

2. 승접복문

　승접복문의 몇 개의 분문이 서술하는 사물은 시간상 앞뒤가 있고 사리상 전후관계가 있다. 분문 사이의 관계는 연관되는데 그 자리를 바꿀 수가 없다.
　고대한어의 승접복문은 일반적으로 관련사를 쓰지 않으나 때로는 관련사 "遂", "乃", "而", "然後" 등을 쓴다.

　　a) 升彼大阜, 從其群丑.(≪詩經・小雅・吉日≫)

저 높은 산언덕을 올라 저 새와 짐승들을 따르네.

　　b) 蔡潰, 遂伐楚.(≪左傳・僖公四年≫)

채나라가 붕괴하자 이에 초나라를 쳤다. / 관련사 "遂(수)"를 썼다.

　　c) 後狼止, 而前狼又至.(≪聊齋志異・狼≫)

뒤의 이리가 멈추자, 이어서 앞의 이리가 이르렀다. / 관련사 "而" 를 썼다.

　　d) 國人皆曰賢, 然後察之.(≪孟子・梁惠王≫)

온 나라의 사람들이 모두 그 사람이 좋다고 하면 그런 뒤에 그를 살펴보십시오. / 관련사 "然後"를 썼다.

현대한어의 승접복문도 일반적으로 관련사를 쓰지 않지만 때로는 관련사 "就", "便", "然后", "接着", "于是" 등을 쓴다.

a) 他点了一下头, 站了起来(그는 고개를 한 번 끄덕이고는 일어섰다.)

b) 卸下行李, 我们就到车间去了.(짐을 풀고 우리는 곧 직장으로 갔다.)

3. 점층복문

점층복문의 뒤 분문은 앞의 분문에 비해 표달하는 뜻이 더욱 가일층된 것이다.

고대한어에서는 관련사 "且", "而" "況" 등을 자주 쓴다.

a) 公語之敵, 且告之悔.(≪左傳·隱公元年≫)

莊公은 그에게 이유를 알려 주었고 또한 그에게 후회하는 것을 말해 주었다. / 관련사 "且"를 썼다.

b) 困獸猶斗, 況國相乎?(≪左傳·宣公十二年≫)

둘러싸인 야수도 몸부림치거늘 하물며 국가의 재상임에랴?

   현대한어에는 관련사 "不但……而且……", "不仅……而且", "不光……还" 등을 자주 쓴다.

a) 他不但会说英语, 而且说得很流利.(그는 영어를 말할 수 있을 뿐 아니라 또한 아주 유창하게 한다.)

b) 我们的政策, 不光要使领导者知道, 还要使广大的群众知道.(우리의 정책은 지도자에게만 알게 할 것이 아니라 또한 광대한 군중이 알게 해야 한다.)

4. 총분(總分)복문

총분복문은 "總"과 "分" 두 개의 부분을 포함한다. 총과 분의 순서는 어떤 것은 선총후분이고 어떤 것은 선분후총이다. 분의 부분은 병렬복문이 되고 총의 부분은 분의 부분에 대해 개괄하는 역할을 하여 때문에 왕왕 수량사가 표지가 된다.

고대한어에서 총의 부분은 단지 수사만 쓴다.

a) ≪詩≫有六義焉: 一曰風, 二曰賦, 三曰比, 四曰興, 五曰雅, 六曰頌.(≪文選·序≫)

≪시경≫에는 여섯 종류의 함의가 있다: 첫 번째를 풍(지방민요)이라 하고 두 번째를 부(직접 서술, 묘사하고 정을 펴냄), 세 번째를 비

(비유)라 하고 네 번째를 흥(흥기)라 하고 다섯 번째를 아(아는 "夏"
와 통하며 王都의 시를 말한다.), 여섯 번째는 송(묘당의 악장)이라
한다. 이것은 선총후분이다.

b) 天子一位, 公一位, 侯一位, 伯一位, 子, 男同一位:
凡五等也.(≪孟子 · 萬章≫)

천자가 한 급이 되고 공이 한 급, 후가 한 급, 백이 한 급, 자와
남이 함께 한 급이 된다: 모두 다섯 급이다. / 이것은 선분후총이다.

> **어법차이**
>
> 현대한어에서 총의 부분은 수량사를 쓴다.
>
> a) 文艺批评有两个标准: 一个是政治标准, 一个是艺术标准(문예비평은
> 두 개의 표준이 있다: 하나는 정치표준이고 하나는 예술표준이다.)
>
> b) 豆豆跑在前, 霞霞跑在后: 两个小鬼跑得满头大汗.(또우또우는 앞에
> 서 달리고 샤샤는 뒤에서 달린다: 두 녀석은 얼굴에 땀투성이가
> 되어 달린다.)

5. 선택복문

선택복문의 몇 개의 분문은 몇 종류의 가능한 정황을 나누어 서술하
는데 그중에서 한 가지를 선택한다. 헤아리는 사람이 그 하나나 둘을

선택하는 것이 반드시 그 한 두 양식에 있다.

고대한어에서는 관련사 "且", "將", "抑", "寧……無……", "與其……
孰若……", "與其……寧……" 등을 자주 쓴다.

a) 富貴者驕人乎? 且貧賤者驕人乎?(≪史記·魏世家≫)

부귀한 사람이 남에 대해 교만한가? 아니면 빈천한 사람이 남에 대
해 교만한가?

b) 禮, 與其奢也, 寧儉.(≪論語·八佾≫)

예는 사치한 것보다는 차라리 검약한 게 낫다.

현대한어에서는 관련사 "或……或", "是……还是", "要么……
要么", "不是……就是", "与其……不如" 등을 자주 쓴다.

a) 我们要么坐车去, 要么骑车去.(우리는 차를 타고 가거나 아니면
   자전거로 간다.)

b) 这孩子每天不是打球, 就是游泳.(이 아이는 매일 축구를 하거나
   아니면 수영을 한다.)

c) 与其呆在家里, 不如出去走走.(집에 멍청히 있는 것보다는 나가
   서 걷는 게 낫다.)

6. 전절복문

전절(轉折)복문의 뒤 분문은 앞의 분문의 뜻을 따라 순접해가는 것이 아니라 반대되거나 또는 상대되는 뜻을 향하여 말하는 것이다. 고대한어에는 관련사 "而", "但", "然", "然且" 등이 자주 쓰였다.

a) 舟已行矣, 而劍不行.(≪呂氏春秋·察今≫)

배는 이미 갔지만 검은 전혀 움직이지 않았습니다.

b) 其不可行明矣, 然且語而不舍.(≪莊子·秋水≫)

그 일을 실행할 수 없는 것은 명백한데 그래도 계속 말하기를 그만두지 않았다.

현대한어에서는 관련사 "雖然……但是……", "尽管……但是……", "可是" 등이 자주 쓰인다.

a) 尽管他不接受我的意见, 但是我有意见还要向他提.(설사 그가 나의 의견을 들어주지 않는다 해도 나는 아직도 그에게 제시할 의견이 있다.)

b) 我应该帮助他, 可是又觉得没有能力.(난 마땅히 그를 도와야 하지만 그러나 능력이 없다고 느낀다.)

7. 양보복문

양보복문의 앞 분문은 한 걸음 물러서서 어떤 사실을 용인하고 뒤 분문은 본의로 들어간다.

고대한어에 자주 쓰는 관련사로는 "雖", "縱" 등이 있다.

a) 雖大風浪不能鳴也.(蘇軾〈石鐘山記〉)

설사 대풍과 풍랑이 있을지라도 (경쇠)로 하여금 소리를 내게 해서는 안 된다.

b) 且予縱不得大葬, 予死于道路乎?(≪論語·子罕≫)

하물며 내가 후한 장례를 받지는 못할지라도 도로에서 죽어가겠는가?

> **어법차이** 현대한어에서는 관련사 "即使", "纵然", "就算", "哪怕" 등이 자주 쓰인다. 그러나 "也"와 배합되어 쓰여야 한다.
> a) 今天纵然有雨, 也不会很大.(오늘 설사 비가 와도 그리 많이 오지는 않을 것이다.)
> b) 就算有困难, 也不会太大.(곤란이 있다 해도 그리 대단하지는 않을 것이다.)

8. 조건복문

조건복문의 앞 분문은 한 가지 조건을 제시하고 뒤 분문은 이 조건하에서 산생된 결과를 말해낸다.

고대한어에서는 관련사 "乃", "則" 등이 자주 쓰인다.

a) 必以長安君爲質, 兵乃出.(≪戰國策·趙策≫)

오직 장안군을 인질로 삼아야만 군대가 비로소 출동할 것이다.

b) 强本而節用, 則天不能貧.(荀子〈天論〉)

농업생산을 강화하고 용도를 절약해야만 하늘이 사람을 빈궁하게 하지 않을 것이다.

> **어법차이**
>
> 현대한어에서는 관련사어 "只有……才……", "只要……就……", "除非……才……", "无论……都……", "不管……也" 등이 자주 쓰인다.
>
> a) 除非身体实在支持不住, 他才休息.(몸이 정말로 지탱할 수 없는 경우여야만 그는 겨우 쉰다.)
>
> b) 不管他们来不来, 我们也要准备好.(그들이 오건 안 오건 우리는 준비를 해놓아야 한다.)

9. 인과복문

인과복문의 한 분문은 원인을 설명하고 다른 한 분문은 결과를 설명한다. 때로 전인후과일 때가 있고 또는 전과후인일 때가 있다.

고대한어에서는 자주 관련사 "以", "由", "爲"를 사용하여 원인을 나타내고 관련사 "故", "是故", "是以"를 사용하여 결과를 나타낸다.

a) 由所殺白帝子, 殺者赤帝子, 故上赤.(≪史記·高帝本紀≫

죽인 뱀이 백제의 아들이었고 뱀을 죽인 자는 적제의 아들이었으므로 이 때문에 붉은색을 위로 삼는다. / 이것은 전인후과이다.

b) 國家之敗, 由官邪也.(≪左傳·桓公元年≫)

국가가 쇠하고 패하는 까닭은 관리들이 사악하기 때문입니다. / 이것은 전과후인이다.

현대한어에서는 자주 관련사어 "因为……所以……", "由于……因此……", "之所以……是因为……", "既……就……" 등을 쓴다.

a) 这种生动活泼的局面之所以能够出现, 是因为政府的政策落实了. (이런 생기발랄한 국면이 출현할 수 있었던 것은 정부의 정책이 확실했기 때문이다.)

b) 既要革命, 就要有一个革命党.(기왕혁명을 해야 한다면 하나의 혁명당이 있게 마련이다.)

10. 가설복문

가설복문의 앞 분문은 일종의 가설을 제기하고 뒤 분문은 이러한 가설하에서 산생되는 결과를 추론해낸다.

고대한어에 자주 쓰이는 관련사로는 "如", "若", "苟", "令", "使" 등이 있다.

a) 令他馬, 固不敗傷我乎?(≪史記·張釋之馮唐列傳≫)

만일 다른 말이었다면 분명 나를 다치게 하지 않았겠는가?

b) 使武安侯在者, 族矣!(≪史記·魏其武安侯列傳≫)

만약 무안후가 아직 살아 있었다면 구족을 멸하려 했을 것이다.

현대한어에서는 관련사어 "如果……就……", "若……就", "假使(倘若, 要是)……就" 등을 자주 쓴다.

a) 假使你不来, 我就给你送去.(만일 네가 안 온다면 내가 곧 네게 부쳐주마.)

b) 要是明天下雨, 我们就不去公园了.(만일 내일 비가 온다면 우리는 공원에 안 갈 것이다.)

11. 목적복문

목적복문의 한 분문은 목적을 표시하고 다른 한 분문은 목적을 달성하기 위해 채택한 행동을 표시한다.

고대한어에서는 자주 관련사 "以"로 목적을 표시했다.

a) 乘彼垝垣, 以望復關.(≪詩經·衛風·氓≫)

저 부서진 담장에 오르는 것은 그 님을 바라다보기 위해서이지. / 垝: 부서지다.

b) 楚人伐宋, 以救鄭.(≪左傳·僖公二十二年≫)

초나라가 송나라를 쳐들어온 것은 정나라를 구원하기 위해서였다.

어법 차이

현대한어에서는 관련사어 "为", "为了", "以便", "以免", "免得" 등이 자주 쓰인다.

a) 要按时复习, 以便巩固学习成果.(제때 제때 복습해야 하는 것은 학습효과를 확실히 하기 위해서이다.)

b) 要尽量减少社会活动, 以免影响学习.(사회활동을 최대한 축소해야 하는 것은 학습에 영향을 끼칠 것을 피하기 위해서이다.)

다중복문은 두 개 이상의 층차를 구비하고 세 개 이상의 분문을
포함한다. 층차의 많고 적음에 따라 이중복문, 삼중복문, 사중복문
등으로 나눌 수 있다. 고대한어에서는 관련사어를 적게 쓰나 현대한
어에서는 관련사어를 자주 쓴다.

1. 이중복문

이중복문은 단지 두 개의 층차를 가진다.
고대한어에서 다음과 같은 것이 그것이다:

a) 多行不義1), 必自斃2), 子姑待之3).(≪左傳・隱公元年≫)

만일 불의한 일을 많이 행하면 반드시 쓰러지게 마련이니 그대는
우선 기다려 보라. / 1), 2)와 3)은 인과관계이고 제일차 층차이며: 1)
과 2)는 가설관계이고 두 번째 층차이다. 斃(폐): 쓰러지다.

b) 如令漢家絶祀1), 將軍雖死2), 何面目見先帝于地下乎3)?

　　(≪漢書・霍光傳≫)

　　만일 한나라가 멸망하면 장군이 설사 죽는다 해도 무슨 얼굴로 지하의 선제를 뵙겠는가? / 1)과 2), 3)은 가설관계이고 첫 번째 층차이며: 2)와 3)은 양보관계이고 두 번째 층차이다.

현대한어에서는 다음과 같은 것이 그것이다.

a) 因为我们是为人民服务的1), 所以, 我们如果有缺点2), 就不怕别人批评指出3).(우리들은 인민을 위해 복무하는 것이기 때문에 그러므로 만약 우리에게 만일 결점이 있다면 남이 비판하여 지적하는 것을 두려워하지 않는다.) 1)과 2), 3)은 인과관계로 첫 번째 층차이고: 2)와 3)은 가설관계로 두 번째 층차이다.

b) 人不犯我1), 我不犯人2); 人若犯我3), 我必犯人4).(남이 나를 범하지 않으면 나도 남을 범하지 않고: 만약 누가 나를 범하면 나도 반드시 그를 범한다.) 1), 2)와 3), 4)는 병렬관계이고 첫 번째 층차이며 1)과 2)가 가설관계이고 3)과 4)가 가설관계로 두 번째 층차이다.

2. 삼중복문

삼중복문은 세 개의 층차를 가지고 있다.
고대한어에 다음과 같은 것이 그것이다:

> **若備與彼協心1), 上下齊同2), 則宜撫安3), 與結盟好4); 如有離違5), 宜別圖之6), 以濟大事7).(≪資治通鑒·漢紀≫)**

만약에 유비와 그들이 한마음이 되어 상하가 일치하면 응당 위로하면서 그들과 우호동맹을 맺을 것이고: 만약에 화합하지 못하면 곧 따로 도모하여 큰일을 이룰 것이다. 1), 2), 3), 4)와 5), 6), 7)은 병렬관계이고 첫 번째 층차이며: 1), 2)와 3), 4)가 가설관계이고 5)와 6), 7)도 가설관계로서 각각 두 번째 층차가 되며: 3)과 4)는 병렬관계이고 6)과 7)은 승접관계로서 각각 세 번째 층차가 된다.

현대한어에서는 다음과 같은 것이 있다:

我们的工资一般还不高1), 但是因为就业的人多了2), 因为物价低和稳3), 加上其他种种条件4), 工人的生活比过去还是有了很大的改善5).(우리의 월급은 일반적으로 높지 않으나 그러나 취업하는 사람이 많아졌고 물가가 낮고 안정된 데다 기타 종종 원인들로 하여 근로자의 생활은 과거보다 그래도 많은 개선이 이루어졌다.) 1)과 2), 3), 4), 5)는 전절관계이고 첫 번째 층차이며 2), 3), 4)와 5)는 인과관계이고 두 번째 층차이며 2), 3)과 4)는 병렬관계이고 세 번째 층차이다.

3. 사중복문

사중복문은 네 개의 층차를 가지고 있다.

고대한어에는 다음과 같은 것이 있다:

> **今媪尊長安君之位1),　而封之以膏腴之地2),　多予之重器3),
> 而不及今有功于國4),　一旦山陵崩5),　長安君何以自托于趙
> 6)?(≪戰國策·趙策≫)**

지금 태후가 장안군의 지위를 높였고 또한 그에게 비옥한 토지를 봉하였으며 그에게 귀중한 기물을 많이 주었는데 그로 하여금 이때에 맞추어 국가를 위해 공을 쌓도록 하지 않는다면 일단 태후가 돌아가신 후에는 장안군이 무엇에 의지하여 조나라에 의탁할 수 있겠는가? 1), 2), 3), 4)와 5), 6)은 승접관계로 첫 번째 층차이고 1), 2), 3)과 4)는 전절관계이고 5)와 6)은 가설관계로서 각기 두 번째 층차이며 1)과 2), 3)은 점층관계로서 세 번째 층차이고 2)와 3)은 병렬관계로 네 번째 층차이다.

어법차이 현대한어에는 다음과 같은 예가 있다:

今后, 我们的队伍里, 不管死了谁1), 不管是炊事员2), 是战士3), 只要他是作过一些有益的工作的4), 我们都要给他送葬5), 开追悼会6).(이후로, 우리의 대오에서는 누가 죽든 간에 취사원이든 전사이든 단지 그가 유익한 일을 했기만 하다면 우리는 모두 그에게 장례를 지내줄

것이고 추도회를 열 것이다.) 1), 2), 3), 4)와 5), 6)은 조건관계이고 첫 번째 층차이며 1), 2), 3)과 4)는 병렬관계이고 1), 2)와 3)도 병렬관계이며 각기 두 번째 층차이고 2)와 3)은 선택관계이고 세 번째 층차이며 5)와 6)은 병렬관계이고 네 번째 층차이다.

제3절 긴축복문

긴축(緊縮)복문은 단문의 형식으로 복문의 내용을 표달하는 것이다. 분문 사이에는 비록 어음(語音)의 멈춤이 없지만 그러나 두 개의 분문을 포함하고 있다. 이러한 복문은 글자 수가 비교적 적고 결구가 긴밀하며 나타내는 의미가 정련되었다. 그것은 일반 복문과 같이 여러 종류의 관계를 표시할 수 있다. 고금한어의 긴축복문은 비록 관련사어를 쓸 수 있지만 현대한어에서는 자주 상투적인 관련격식을 써서 표시한다.

1. 병렬긴축복문

고대한어에는 다음과 같은 것이 있다:

a) 人涉卬否.(≪詩經·邶風·匏有苦葉≫)

남은 강을 건너는데 나는 건너지 않네. / 卬(앙): 我.

b) 朝暉夕陰.(范仲淹〈岳陽樓記〉)

아침에는 햇빛이 비치고 저녁에는 어두컴컴하네.

현대한어에는 다음과 같은 것들이 있다:

a) 风狂雨骤.(바람이 몰아치고 비가 퍼붓는다.)

b) 山在欢呼人在笑.(산은 환호하고 사람은 웃는다.)

2. 승접긴축복문

고대한어에는 다음과 같은 것들이 있다.

a) 舍矢如破.(≪詩經・小雅・車攻≫)

화살을 한 번 쏘기만 하면 야수에 명중한다. / 如: 則.

b) 君將哀而生之乎?(柳宗元〈捕蛇者說〉)

그대는 나를 동정하여 살려주는 것인가?

현대한어에는 다음과 같은 것들이 있다:

a) 雨过天晴.(비가 지난 후 날이 개였다.)

b) 书记一到工地就干起活来.(서기는 공사현장에 가자마자 일하기 시작했다.)

3. 전절(轉折)긴축복문

고대한어에는 다음과 같은 것들이 있다:

a) 謀臧不從.(≪詩經・小雅・小旻≫)

모략은 비록 좋지만 그러나 따르지 않네. / 臧(장): 善.

b) 勢不同而理同.(柳宗元〈送薛存義序〉)

정세는 비록 같지 않지만 도리는 같다.

어법
차이

현대한어에는 다음과 같은 것들이 있다:

a) 他有才却不外露.(그는 재주가 있지만 밖으로 드러내지 않는다.)

b) 这出戏情节简单却引人深思.(이 극은 정절이 간단하나 사람으로
하여금 깊이 생각하게 한다.)

4. 선택긴축복문

고대한어에는 다음과 같은 것이 있다:

不夙則莫.(≪詩經·齊風·東方未明≫)

너무 이르지 않으면 또 너무 늦다네.

5. 양보긴축복문

고대한어에는 다음과 같은 것들이 있다:

a) 之死矢靡它.(≪詩經·鄘風·柏舟≫)

설사 죽음에 이르더라도 절대로 변심하지 않겠네. / 之: 到. 矢(시): "誓(서)"와 통함. 靡(미): 아니다.

b) 柔亦不茹.(≪詩經·大雅·烝民≫)

설사 연약한 것이라 해도 삼키지 않네.

현대한어에서는 자주 "再……也", "不……也" 등의 관련격식을 쓴다.

a) 困难再多也不怕.(곤란이 아무리 많다 해도 두렵지 않다.)

b) 这个道理不说也懂.(이 이치는 말하지 않아도 안다.)

c) 这样的人没理也要强占几分.(이런 사람은 도리에 맞지 않아도 몇 프로를 강점한다.)

d) 打狗还得看主人呢!(개를 때리는데도 주인을 살펴야 한단 말이냐!)

6. 인과긴축복문

고대한어에는 다음과 같은 것들이 있다:

a) 維憂用老.(≪詩經・小雅・小弁≫)

근심 때문에 노쇠해졌네. / 維(유): …… 때문에. 用: 그리하여.

b) 卵破子死.(≪荀子・勸學≫)

알이 깨졌기 때문에 새새끼가 죽었다.

 현대한어에는 다음과 같은 것들이 있다.

a) 闺女大了咱管不了!(규수가 성장하면 우린 상관할 수가 없다!)

b) 说了就得算数.(말했으면 지켜야 한다.) 뜻은 "既然说了, 就得算数.(기왕에 말했으니 지켜야 한다.)"이다. 이것은 인과를 추론한 것이다.

7. 가설긴축복문

고대한어에는 다음과 같은 것들이 있다:

a) 戰則請從.(≪左傳·莊公十年≫)

만약 전투하게 된다면 제가 따라 나가게 윤허해 주소서.

b) 匪斧不克.(≪詩經·齊風·南山≫)

만약 도끼가 없다면 땔나무를 캘 수가 없다네.

 현대한어에서는 자주 "非……不", "不……不……" 등의 관련격식을 사용한다.

a) 你非去不可.(넌 가지 않으면 안 된다.) "非……不……"는 "如果不……就不……"에 해당된다.

b) 钟不敲不响.(종은 치지 않으면 울리지 않는다.) "不……不……"
   은 "如果不……就不……"에 해당된다.

c) 说干就干.(한다고 말했으면 한다.)

8. 조건긴축복문

고대한어에는 다음과 같은 것들이 있다.:

a) 跂予望之.(≪詩經·衛風·河廣≫)

단지 발꿈치를 들기만 하면 宋나라를 바라볼 수 있다네. / 予(여): 而.

b) 舍利無刃.(范縝 〈神滅論〉)

단지 예봉을 피하기만 한다면 칼날도 벨 수 없다네.

현대한어에서는 자주 "一……就……", "越……越" 등의 관련격
식을 사용한다.

a) 有些人一遇风浪就左右摇摆.(어떤 사람들은 풍랑을 만나기만 하
   면 곧 좌우로 흔들린다.)(필요조건)

b) 大家越学心理越亮.(모두들 심리를 배울수록 더욱 밝아진다.)(필
   요조건)

c) 坚持到底才能胜利.(끝까지 견지해야 비로소 승리할 수 있다.)
   (유일조건)

d) 风多大也要出海.(바람이 아무리 세어도 바다에 나가야 한다.)
   (무조건)

이 밖에도 점층긴축복문, 목적긴축복문이 고대한어에서 간혹 보이는데 현대한어에서는 드물게 보인다.

a) (酒)旨且有.(≪詩經·小雅·魚麗≫)

(술이) 감미로울 뿐 아니라 품종도 다양하다네. / 有: 多.

b) 我徂維求定.(≪詩經·周頌·赉≫)

내가 남쪽 나라로 가는 것은 천하의 안정을 구하기 위해서라네. / 維(유): 위하여.

•편저자

楊合鳴　•약　력•
(1940~)　중국 武漢大學 中文系 졸업(1966)
　武漢大學 碩士(1981)
　武漢大學 文學院 教授
　中國詩經學會常務理事

•주요 저서•
『漢語大字典』(編審)
『≪詩經≫句法研究』
『≪詩經≫疑難詞辨析』(공저)
『古代漢語敎程』(主編)
『學生新華字典』
『新編同義詞·近義詞·反義詞·組詞造句詞典』등 관련 사전류 수십여 종

•편역자

최금옥　•약　력•
　서울대학교 인문대학 중어중문학과 학사(영문학 부전공)
　서울대학교 대학원 중어중문학과 석사 〈漢代樂府詩의 句法研究〉
　서울대학교 대학원 중어중문학과 박사 〈陳師道詩研究〉
　전 동해대학 전임강사
　현 서울대, 한양대, 방송통신대 강사

•주요 저역서•
『양송시(兩宋詩) 여행』
『중국시와 시인』(공저)
『중국의 문학과 언어』(공저)
『중국시와 시론』(공저)
수필집 『요리사와 天下之士』(공저)

고금한어의
어법차이 古今語法

• 초판 인쇄	2008년 7월 10일
• 초판 발행	2008년 7월 10일
• 편 저 자	楊合鳴
• 편 역 자	최금옥
• 펴 낸 이	채종준
• 펴 낸 곳	한국학술정보㈜ 경기도 파주시 교하읍 문발리 513-5 파주출판문화정보산업단지 전화　031) 908-3181(대표)·팩스　031) 908-3189 홈페이지　http:// www.kstudy.com e-mail(출판사업부)　publish@kstudy.com
• 등 록	제일산-115호(2000. 6. 19)
• 가 격	22,000원

ISBN　978-89-534-9679-8 93700 (Paper Book)
　　　　978-89-534-9680-4 98700 (e-Book)